이스라엘 여행 히브리어

이스라엘 여행 히브리어

펴 낸 날 2007년 4월 9일 1판 1쇄
2015년 3월 9일 1판 2쇄

지 은 이 박미섭
펴 낸 이 송희영
펴 낸 곳 **쿠북**
등록 / 제 4-3 호(1971. 6. 21.)
주소 / 143-701, 서울시 광진구 능동로 120 건국대학교 출판부
전화 / (02) 450-3891~3
팩스 / (02) 457-7202
홈페이지 / http://press.konkuk.ac.kr
전자우편 / press@konkuk.ac.kr

책임편집 박명희
찍 은 곳 ㈜동화인쇄공사
정 가 9,000원

ISBN 978-89-7107-465-7 03790

이 도서의 국립중앙도서관 예정도서목록(CIP)은 서지정보유통지원시스템 홈페이지(http://seoji.nl.go.kr)와 국가자료공동목록시스템(http://www.nl.go.kr/kolisnet)에서 이용하실 수 있습니다.(CIP제어번호: CIP2007000940)

이스라엘 여행 히브리어

박 미 섭 지음

쿠북

머리말

이스라엘은 우리나라 면적의 약 4.5분의 1 정도밖에 되지 않는 작은 나라이다. 그럼에도 불구하고 긴 역사와 종교적 성지라는 특수성 때문에 해마다 수많은 순례객들의 발길을 끌 뿐만 아니라, 1948년 현대 이스라엘 국가 건립 이래로 지속되어 온 경제 성장과, 이미 건국 이전부터 정착된 키부츠 농장의 특이한 생활 형태로 인해 세계 각국의 사업가들과 젊은이들이 찾는 곳이기도 하다.

오늘날 히브리어는 약 800만 이스라엘 인구의 생활 언어이자 세계 각국에 흩어져 사는 약 800만 유대인(미국 유대인 약 600만 명 포함)의 회당 언어이다. 비록 이스라엘에 사는 유대인들 대부분이 영어를 구사할 수 있지만, 그들의 모국어인 히브리어에 대한 애착이 지대하고, 해외에 사는 유대인 젊은이들도 방학 중에 이스라엘 대학이나 키부츠에 가서 히브리어를 배우고 있다.

언어는 편리한 해외여행을 위한 도구인 동시에 타문화를 이해하는 데 있어서 중요한 요소이다. 따라서 이스라엘을 찾는 한국인들이 몇 가지 간단한 히브리어 표현을 익혀둔다면, 이스라엘 방문이 더욱 즐겁고 더욱 친밀한 신뢰 속에 그곳 사람들과 관계를 맺어 갈 수 있을 것이다. 이러한 이유로 필자는 다음과 같은 특징을 가진 이 회화집을 만들었다.

- 히브리어가 한국인들에게 생소한 언어여서 이 책의 첫 부분에 히브리어 알파벳과 발음 및 기본 문법을 소개하였다.
- 각 장마다 상황별 회화를 소개하기에 앞서 이스라엘 현지 사정과 관련된 간단한 안내 사항을 기록해 두었다.
- 주로 현재 시제로 된 짧은 문장을 소개하였다.
- 각 문장에 우리말 음역을 첨가하였으나, 올바른 히브리어 발음을 위해 원어민의 발음이 녹음된 테이프를 준비했다.
- 각 장의 대화 속에 나오는 동사 형태와 뜻을 각 장 끝의 동사 목록에 실어 놓았고, 책의 마지막 부분에 영역별 어휘집을 첨가해 두었다(일러두기의 약어표 참고).

필자는 이 회화집이 이스라엘을 단기로 방문하는 성지 순례자와 비즈니스 여행자뿐만 아니라, 키부츠 체험과 유학 생활을 시작하고자 하는 이들에게도 유용한 지침서가 되기를 바란다. 또한 이 회화집이 두 먼 이웃나라 한국과 이스라엘을 더욱 가까이 연결하는 작은 다리가 되어 주고, 이스라엘 땅에 하루 속히 평화가 깃들기를 염원하는 기도가 되어 주길 소망한다.

끝으로 이 책의 출판을 맡아 주신 쿠북 출판사와 이스라엘 최신 생활 정보와 사진 수집에 도움을 주신 조남주 님과 건국대학교 히브리·중동학과 학생들, 그리고 녹음에 참여해 주신 람 길보아 님께 감사드린다.

2007년 2월

박 미 섭

추천사

이스라엘과 한국은 1962년부터 외교 관계를 맺어왔다. 양국의 관계는 1948년 이스라엘의 건국과 한국의 독립 이래로 두 나라가 이룬 성과에 대한 존경심뿐 아니라 공동의 가치관에 기반을 두고 있다.

아시아 대륙의 양 끝에 위치하고 있는 한국과 이스라엘은 많은 공통점을 가지고 있다. 양국의 거의 유사한 현대사, 인력을 천연 자원으로 강조하고자 하는 노력, 두 나라의 유사한 지정학적 위치 및 각국이 속한 지역에서 평화를 위해 고투하며 자유 국가를 지키고자 하는 공통된 결의 등을 몇 가지 예로 꼽을 수 있다.

한국과 이스라엘은 여러 분야에서 계속적으로 협력하고 있다. 교육, 과학 기술, 우주 항공, 문화 및 학문 분야는 그 중 일부에 속할 뿐이며, 양국의 협력 관계는 마치 고급 포도주처럼 해를 거듭할수록 발전하고 있다.

그러나 무엇보다도 국가들 간의 관계는 사람들 간의 관계에 기초하고 있고 그것에 의해 결정된다. 이 점에서 볼 때 언어는 항상 다른 나라의 문화, 전통 그리고 사고방식을 더 잘 이해하는 데 기여할 수 있다.

나는 성경의 고대 언어인 히브리어를 배우고자 하는 한국인들이 이 회화집의 도움으로 히브리어를 쉽고 즐겁게 사용할 수 있게 되리라 믿는다. 이 회화집은 여행자들과 사업가들 그리고 히브리어를 배우는 학생들에게 편리하고 유용한 자료가 될 것이다. 나는 이 회화집을 통해 더 많은 한국인들이 성지 이스라엘을 방문하고 그곳에 살고 있는 따뜻한 사람들과 맛있는 음식과 흥미진진한 문화를 발견하게 되기를 희망한다.

2007년 2월

주한 이스라엘 대사

이갈 카스피

차례

일러두기

〈약어〉
〈현〉=현재형
〈과〉=과거형
〈미〉=미래형
〈명〉=명령형
〈부〉=to 부정사형

〈1〉=1인칭
〈2〉=2인칭
〈3〉=3인칭
〈s〉=단수
〈p〉=복수

〈d〉=쌍수
〈m〉=남성
〈f〉=여성
〈c〉=남녀 공성

히브리어에 대하여

히브리어란?

히브리어 자모음

히브리어 기본문법

히브리어란?

히브리어는 아프리카-아시아 어족에 속하는 북서 셈어 중 한 언어로, 유대교와 기독교의 경전인 구약 성서의 언어이자 현대 이스라엘 국가의 공식 언어이다.

A.D. 70년에 로마에 의해서 예루살렘 성이 함락되고 유대인들이 세계 각처로 뿔뿔이 흩어지면서, 히브리어가 A.D. 3세기 무렵부터 더 이상 구어로 사용되지 않았다. 중세에는 히브리어가 흩어진 디아스포라 유대인들 사이에 편지나 계약서, 또는 철학·과학·의학 등의 학문적인 글을 기록하는 문헌 언어로 남게 되었다. 그러다가 17~19세기에 히브리어 문학 작품들이 등장하고, 19세기 말에 이스라엘로 이민 온 러시아 출신의 언어학자 엘리에제르 벤-예후다를 중심으로 한 히브리어 부활의 노력이 열매를 맺어, 영국이 이스라엘을 위임 통치하던 1920년대 초에 히브리어가 영어와 아랍어와 더불어 팔레스틴 지역의 공용어로 인정되었다. 그 후 1948년에 이스라엘이 독립을 맞게 되자 히브리어는 이스라엘의 공식 언어가 되었다.

현대 히브리어는 고대의 성서 히브리어와 랍비 시대 히브리어에 그 뿌리를 두고 있으나, 일부 고대 형태나 단어들이 사라진 한편 많은 신조어와 외래어가 생성되었다. 20세기 중반에 이스라엘 국가가 재건된 것이 역사적으로 주목할 만한 일인 만큼, 약 1,700여 년 동안 구어로 사용되지 않던 히브리어의 부활 또한 기적과 같은 일이라 할 수 있다.

히브리어 자모음

히브리어는 오른쪽에서 왼쪽으로 쓰고 읽는다. 히브리어는 원래 자음 문자였으나, A.D. 3세기경에 히브리어가 구어로 사용되지 않게 되자 A.D. 7~8세기에 성경 본문을 정확하게 보존하고 성경 읽기에 도움을 주기 위해 모음 부호가 만들어지고 자음 본문에 첨가되었다. 따라서 중세 성경 사본과 그것에 기초한 오늘날의 성경 인쇄본에 모음 부호가 표시되어 있다. 그러나 현대 히브리어에서는 모음 부호가 어린이 책, 시집, 외국인을 위한 신문 등 필요한 경우에만 제한적으로 사용된다. 또한 인쇄물에는 자음 인쇄체가 사용되는 한편, 필기를 할 때는 중세에 유럽에서 만들어진 필기체가 사용된다. 이 회화집에서는 인쇄체가 사용되었고 모음 부호가 표시되었다.

히브리어 알파벳과 성경 구절(미가서 제4장 제2절) (건국대학교 소재)

1. 자 음

글자(끝글자)		이 름		국제발음 기호	수 값
א		알렙	'álef	ʔ	1
בּ ב		베트	bet	b v	2
גּ ג		기멜	gímel	g g	3
דּ ד		달렛	dálet	d d	4
ה		헤	he	h	5
ו		바브	vav	v	6
ז		자인	záin	z	7
ח		헤트	ḥet	x(ħ)	8
ט		테트	ṭet	t	9
י		요드	yod	j	10
כּ כ	(ך)	카프	kaf	k x	20
ל		라메드	lámed	l	30
מ	(ם)	멤	mem	m	40
נ	(ן)	눈	nun	n	50
ס		싸멕	sámech	s	60
ע		아인	‘áin	ʕ	70
פּ פ	(ף)	페	pe	p f	80
צ	(ץ)	짜디(딕)	ṣádi(k)	ts	90
ק		코프	qof	k	100
ר		레쉬	reš	r(ʁ)	200
שׁ שׂ		쉰/씬	šin/śin	ʃ/s	300
תּ ת		타브	tav	t t	400

- 괄호 안의 끝글자는 단어 끝에 오는 형태이다.
- בגדכפת 여섯 글자는 점(다게쉬)의 유무에 따라 달리 발음되었으나, 현대 히브리어에서는 בכפ에서만 발음이 구분된다.
- ח는 이 책에서 ה처럼 'ㅎ'으로 음역되었지만, 대체로 כ처럼 가래 뱉듯이 발음된다.
- 단어 끝에 오는 자음은 약하게 발음되며, 이 책에 받침으로 또는 'ㅡ'와 함께 음역되었다. 테이프의 원어민 발음을 따라서 소리 내어 연습하도록 하자.

2. 모 음

□ָ (카마쯔)	□ָה	□ַ (파타흐)	□ֲ (하탑 파타흐)	a
□ֵ (쩨레)	□ֵי □ֶי □ֶה	□ֶ (쎄골)	□ֱ (하탑 쎄골) □ְ (유성 슈바)	e
x	□ִי	□ִ (히렉)	x	i
□ֹ (홀람)	□וֹ □ֹה	□ָ (카마쯔 하툽)	□ֳ (하탑 카마쯔)	o
x	□וּ (슈룩)	□ֻ (키부쯔)	x	u

- 위 도표에서 □는 자음 글자를 대표한다.
- 히브리어 모음 부호가 만들어진 A.D. 7~8세기 무렵에 더 많은 모음의 발음이 존재했지만, 현대 히브리어에서는 발음이 다섯 개로 단순화되었다.
- □ְ가 유성 슈바일 때는 발음이 불규칙해서 단어에 따라 [e]로 발음되거나 묵음이고, □ְ가 무성 슈바일 때는 묵음이다.
- □ָ 부호가 강세 없는 폐음절에 올 때는 카마쯔 하툽이고, 그 외의 경우는 카마쯔이다.
- 다음과 같은 경우에는 이중모음으로 발음된다.

□ַי, □ָי	[ai]
□וֹי	[oi]
□וּי	[ui]

- □ֵי는 현대 히브리어에서 [ei]로 발음되기도 한다.

히브리어 기본문법

1. 인칭대명사

אֲנִי	아니	나	אֲנַחְנוּ	아나흐누	우리들
אַתָּה	아타	너〈m〉	אַתֶּם	아템	너희들〈m〉
אַתְּ	아트	너〈f〉	אַתֶּן	아텐	너희들〈f〉
הוּא	후	그	הֵם	헴	그들
הִיא	히	그녀	הֵן	헨	그녀들

2. 명사와 형용사

תַּלְמִיד טוֹב	탈미드 토브	좋은 남학생〈ms〉
תַּלְמִידָה טוֹבָה	탈미다 토바	좋은 여학생〈fs〉
תַּלְמִידִים טוֹבִים	탈미딤 토빔	좋은 남학생들〈mp〉
תַּלְמִידוֹת טוֹבוֹת	탈미도트 토보트	좋은 여학생들〈fp〉

- 명사의 어미가 불규칙적으로 나타나는 단어들도 있다.
- 형용사는 명사 뒤에 오며 명사의 성과 수에 일치해야 한다.
- 남성과 여성이 섞여 있을 때 남성 복수로 표현한다.
- 일부 명사에 쌍수 형태가 존재하며, 형용사 복수 형태와 함께 온다(신체 부위의 쌍수 형태는 복수 의미로도 사용된다).

3. 명사의 연계형

תַּלְמִיד	탈미드〈ms〉	תַּלְמִידֵי	탈미데〈mp〉
תַּלְמִידַת	탈미다트〈fs〉	תַּלְמִידוֹת	탈미도트〈fp〉

- 명사의 연계형은 두 개의 명사가 나란히 올 때 첫 번째 명사의 형태를 말한다. 여성 단수와 남성 복수에 일반적인 어미와

다른 연계형 어미가 온다. 이 구조는 주로 소유(…의)나 재료(…로 만들어진)를 표현한다.

- 세 개의 명사가 나란히 올 때는 처음 두 개의 명사가 연계형을 취한다.

4. 정관사 הַ(또는 הַ, הָ, הֶ)

הַתַּלְמִיד הַטּוֹב	하탈미드 하토브	그 좋은 남학생
הַתַּלְמִידָה הַטּוֹבָה	하탈미다 하토바	그 좋은 여학생

- 명사 앞에 정관사가 올 때 명사를 수식하는 형용사 앞에도 정관사가 온다.
- 두 개 이상의 명사가 나란히 올 때 정관사는 마지막 명사 앞에 온다.

5. 소유격 접미어

	단수 명사에 붙는 접미어	복수 명사에 붙는 접미어
나의	ִי	ַי
너의〈m〉	ְךָ	ֶיךָ
너의〈f〉	ֵךְ	ַיִךְ
그의	וֹ	ָיו
그녀의	ָהּ	ֶיהָ
우리의	ֵנוּ	ֵינוּ
너희들의〈m〉	כֶם	ֵיכֶם
너희들의〈f〉	כֶן	ֵיכֶן
그들의	ָם	ֵיהֶם
그녀들의	ָן	ֵיהֶן

- 여성 단수 명사에 소유격 접미어가 올 때, 여성 단수 어미 ה가 ת로 바뀐다.

- 남성 복수 명사에 소유격 접미어가 올 때, 남성 복수 어미의 ם이 탈락된다.
- 여성 복수 명사에 소유격 접미어가 올 때, 여성 복수 어미 וֹת 뒤에 복수 명사에 붙는 접미어가 온다.
- 소유격 접미어들은 전치사와도 함께 사용된다.

6. 전치사

אַחֲרֵי	아하레	…후에, …뒤에
אֶל	엘	…에게, …로, …를 향해
בְּ	베	…에, …를 가지고
בִּגְלַל	비글랄	…때문에
בֵּין… לְ…	벤… 레…	…와 …사이에
בִּשְׁבִיל	비쉬빌	…위하여
כְּ, כְּמוֹ	크(케), 크모	…처럼
לְ	레	…에게, …로, …를 위하여
לְיַד, עַל־יַד	레야드, 알야드	…옆에, …근처에
לִפְנֵי	리프네	…전에, …앞에
מִן(מִ, מֵ)	민(미, 메)	…부터, …보다(비교)
עַד	아드	…까지
עַל	알	…위에, …에 대하여
עִם	임	…와 함께
שֶׁל	쉘	…의
תַּחַת	타하트	…아래

- 낱글자 전치사는 그 뒤에 오는 명사에 붙여 쓴다.

7. 목적어 표시어

목적어가 정관사를 가지고 있는 명사이거나 고유명사일 때, 그 앞에 אֶת 에트 '…을, 를'이 온다.

8. 의문사

אֵיזֶה, אֵיזוֹ	에이제⟨m⟩, 에이조⟨f⟩	어떤
אֵיךְ	에이크	어떻게
אֵיפֹה	에이포	어디에
כַּמָּה	카마	얼마
לְאָן	레안	어디로
לָמָּה	라마	왜
מֵאַיִן	메아인	어디서부터
מַה(מָה)	마	무엇
מִי	미	누구
מָתַי	마타이	언제

9. 동 사

히브리어에는 일곱 개의 동사 유형이 있다: 칼, 니팔, 피엘, 푸알, 히트파엘, 히필, 호팔 동사.

♠ 현재형 어미

	단수(s)	복수(p)
남성(m)	없음	ִים
여성(f)	ֶ ֶת (ָה)	וֹת

♠ 과거형과 미래형 어미와 접두어

- 미래형 접두어의 모음은 동사의 유형에 따라 다르다.
- 3인칭 남성 단수 과거 형태('그가 …했다')가 사전에 표시되는 기본 형태이다.

인칭대명사	과거형 어미	미래형 접두어와 어미
אֲנִי	תִּי	אֶ
אַתָּה	תָּ	תִּ
אַתְּ	תְּ	תִּxxxי
הוּא	없음	יִ
הִיא	ָה	תִּ
אֲנַחְנוּ	נוּ	נִ
אַתֶּם	תֶּם	תִּxxxוּ
אַתֶּן	תֶּן	תִּxxxוּ
הֵם	וּ	יִxxxוּ
הֵן	וּ	יִxxxוּ

♠ 명령형

• 동사의 유형마다 명령형이 있지만, 종종 미래형으로 명령의 의미를 표현한다.

♠ to 부정사형

• 전치사 ל와 함께 온다.

10. 존재 부사

히브리어에는 '있다'와 '없다'에 해당되는 현재형 동사가 없다. 대신 이 표현들을 위해 존재 부사 יֵשׁ 예쉬 '있다'와 אֵין 에인 '없다'가 사용된다.

11. 강 세

히브리어 단어의 강세는 대부분 끝음절에 오지만, 끝음절 전에 오는 단어들도 있다.

기본회화

안내 사항

인사

축하와 기원

감사

사과

칭찬

자기 소개

타인 소개

언어 능력

동사 목록

안내 사항

❖ 정중한 표현

히브리어에는 존댓말과 반말의 구분이 없으나 '베바캬샤'(실례지만, 부탁합니다), '쓸리하'(미안합니다만)와 같은 단어로 정중하게 표현할 수 있다.

❖ 호칭의 사용

성 앞에 '마르'(…씨, Mr.), '그베레트'(…양, …부인, Ms.), '독토르'(박사님), '프로페쏘르'(교수님) 같은 호칭들이 사용된다. 그러나 일반적으로 직장 동료나 가까운 사람끼리는 나이나 직급에 관계없이 이름을 부른다.

❖ 축하와 기원의 인사를 많이 하는 나라

생일과 결혼식 같은 축하 행사 외에도 유대인 특유의 할례의식(브리트 밀라)과 성인식(남자 만13세: 바르 미쯔바, 여자 만12세: 바트 미쯔바)뿐 아니라, 성서 시대에 유래된 안식일과 여러 명절들이 지켜지고 있으므로 몇 가지 인사 표현을 알아두는 것이 좋다.

❖ 다양한 사람들이 함께 사는 나라

히브리어를 사용하는 이스라엘의 인구는 약 800만 명이다. 이 중 76.2퍼센트는 유대인이고, 19.5퍼센트는 아랍계 이스라엘인(대부분 회교도)이며 4.3퍼센트는 드루즈인(모세의 장인 이드로를 믿는 독특한 종교인)이다. 유대인들 중에 이주민들(올림 하다쉼)은 출신지에 따라 러시아어, 에티오피아어(암하라어) 등의 언어를 함께 사용한다. 아랍계 이스라엘인과 드루즈인은 히브리어를 배우고 사용하지만 아랍어가 주된 생활 언어이다. 이 밖에도 이스라엘에는 아랍계 팔레스타인 사람들과, 사마리아 지역의 세겜과 텔아비브 근처의 홀론 도시에 사는 소수의 사마리아인 후손들 그리고 사막 지역에서 천막을 치고 유목 생활을 하는 베두윈들이 있다. 이들 중 홀론에 사는 사마리아인들을 제외하고 모두 아랍어를 사용한다. 이처럼 이스라엘에 아랍어 사용자들이 많으니 “안녕하세요”(쌀람 알레쿰), “감사합니다”(슈크란) 같은 간단한 표현을 알아두면 유익하다.

예루살렘 성 안의 무덤 교회

인 사

안녕하세요!

!שָׁלוֹם

샬롬!

안녕하세요?〈m〉 / 〈f〉

?מַה שְׁלוֹמְךָ / ?מַה שְׁלוֹמֵךְ

마 슐롬카? / 마 슐로메크?

어떻게 지내세요?

?מַה נִשְׁמָע

마 니쉬마?

잘 지냅니다. 감사합니다!

!טוֹב. תּוֹדָה

토브. 토다!

좋은 아침입니다!

!בּוֹקֶר טוֹב

보케르 토브!

좋은 낮(오후)입니다!

צָהֳרַיִים טוֹבִים!

쪼호라임(또는 짜하라임) 토빔!

좋은 저녁입니다!

עֶרֶב טוֹב!

에레브 토브!

좋은 밤 보내세요!(안녕히 주무세요!)

לַיְלָה טוֹב!

라일라 토브!

어서 오세요!(들어오는 이에게 축복이 임하길!)

בָּרוּךְ הַבָּא!

바루크 하바!

또 만납시다!(안녕히 가세요!)

לְהִתְרָאוֹת!

레히트라오트!

다비드에게 안부 전해 주세요.

דְּרִישַׁת שָׁלוֹם לְדָוִד.

드리샤트 샬롬 레다비드.

좋은 날 보내세요!

יוֹם טוֹב!

욤 토브!

좋은 날 보내세요!

יוֹם נָעִים!

욤 나임

좋은 한 주 보내세요!

שָׁבוּעַ טוֹב!

샤부아 토브!

평화로운 안식일을 보내세요!

שַׁבָּת שָׁלוֹם!

샤바트 샬롬!

주말 잘 보내세요!

סוֹף שָׁבוּעַ נָעִים!

쏘프 샤부아 나임!

유월절 접시와 음식

축하와 기원

축하합니다!

מַזָּל טוֹב!

마잘 토브!

생일 축하합니다!

יוֹם הוּלֶדֶת שָׂמֵחַ!

욤 훌레데트 싸메아흐!

성공을 빕니다!

בְּהַצְלָחָה!

베하쯜라하!

건강하세요!(재채기한 사람에게)

לִבְרִיאוּת!

리브리우트!

좋은 여행이 되기를 바랍니다!

נְסִיעָה טוֹבָה!

느씨아 토바!

행복한 명절이 되기를 바랍니다!

!חַג שָׂמֵחַ

하그 싸메아흐!

행복한(좋고 달콤한) 새해가 되기를 바랍니다!

!שָׁנָה טוֹבָה וּמְתוּקָה

샤나 토바 우메투카!

감사

감사합니다!

!תּוֹדָה

토다!

대단히 감사합니다!

!תּוֹדָה רַבָּה

토다 라바!

초대해 주셔서 대단히 감사합니다.

!תּוֹדָה רַבָּה עַל הַהַזְמָנָה

토다 라바 알 하하즈마나!

천만에요.

עַל לֹא דָבָר.

알 로 다바르.

천만에요.

בְּבַקָּשָׁה.

베바카샤.

사과

미안합니다.(실례합니다.)

סְלִיחָה.

쏠리하.

미안합니다.〈m〉 / 〈f〉

אֲנִי מִצְטַעֵר. / אֲנִי מִצְטַעֶרֶת.

아니 미쯔타에르. / 아니 미쯔타에레트.

괜찮습니다.

זֶה בְּסֵדֶר.

제 베쎄데르.

칭 찬

홀륭합니다.

מְצוּיָן!

메쭈얀!

대단합니다!

כָּל הַכָּבוֹד!

콜 하카보드!

참 잘했어요!(대단합니다!)

יוֹפִי!

요피!

참 잘했어요!(참 예쁩니다!)

יָפֶה מְאוֹד!

야페 메오드!

자기 소개

당신의 이름은 무엇입니까?〈m〉 / 〈f〉

מַה שִׁמְךָ? / מַה שְׁמֵךְ?

마 쉼카? / 마 슈메크?

제 이름은 김지호입니다.

שְׁמִי זִי־הוֹ קִים.

슈미 지호 킴.

제 이름은 박미라입니다.

שְׁמִי מִי־רָה פָּארְק.

슈미 미라 팍.

당신의 이름은 무엇입니까?〈m〉 / 〈f〉

אֵיךְ קוֹרְאִים לְךָ? / אֵיךְ קוֹרְאִים לָךְ?

에이크 코르임 레카? / 에이크 코르임 라크?

제 이름은 아브라함입니다.

קוֹרְאִים לִי אַבְרָהָם.

코르임 리 아브라함.

제 이름은 사라입니다.

קוֹרְאִים לִי שָׂרָה.

코르임 리 싸라.

만나서 반갑습니다!

נָעִים מְאוֹד!

나임 메오드!

여기 제 명함이 있습니다.

הִנֵּה כַּרְטִיס הַבִּיקּוּר שֶׁלִּי.

히네 카르티쓰 하비쿠르 쉘리.

몇 살입니까?〈m〉 / 〈f〉

בַּת כַּמָּה אַתְּ? / בֶּן כַּמָּה אַתָּה?

벤 카마 아타? / 바트 카마 아트?

스무 살입니다.〈m〉 / 〈f〉

אֲנִי בַּת עֶשְׂרִים / אֲנִי בֶּן עֶשְׂרִים.

아니 벤 에쓰림. / 아니 바트 에쓰림.

저는 기혼입니다.〈m〉 / 〈f〉

אֲנִי נְשׂוּאָה. / אֲנִי נָשׂוּי.

아니 나쑤이. / 아니 네쑤아.

저는 미혼입니다.〈m〉 / 〈f〉

אֲנִי לֹא נְשׂוּאָה. / אֲנִי לֹא נָשׂוּי.

아니 로 나쑤이. / 아니 로 네쑤아.

어디에서 오셨나요?〈m〉 / 〈f〉

מֵאַיִן אַתְּ? / מֵאַיִן אַתָּה?

메아인 아타? / 메아인 아트?

한국에서 왔습니다.

אֲנִי מִקּוֹרֵיאָה.

아니 미코레아.

어디에 사세요?〈m〉 / 〈f〉

אֵיפֹה אַתְּ גָּרָה? / אֵיפֹה אַתָּה גָּר?

에이포 아타 가르? / 에이포 아트 가라?

예루살렘에 삽니다.〈m〉

אֲנִי גָּר בִּירוּשָׁלַיִם.

아니 가르 비루샬라임〔베예루샬라임〕.

텔아비브에 삽니다.〈f〉

אֲנִי גָּרָה בְּתֵל־אָבִיב.

아니 가라 베텔아비브.

어디에서 태어나셨습니까?〈m〉 / 〈f〉

אֵיפֹה נוֹלַדְתְּ? / אֵיפֹה נוֹלַדְתָּ?

에이포 놀라드타? / 에이포 놀라드트?

서울에서 태어났습니다.

נוֹלַדְתִּי בְּסֵיאוּל.

놀라드티 베쎄울.

이스라엘에서 무엇을 하십니까?〈m〉 / 〈f〉

מָה אַתְּ עוֹשָׂה בְּיִשְׂרָאֵל? / מָה אַתָּה עוֹשֶׂה בְּיִשְׂרָאֵל?

마 아타 오쎄 베이쓰라엘? / 마 아트 오싸 베이쓰라엘?

여행하고 있습니다.〈m〉 / 〈f〉

אֲנִי מְטַיֶּלֶת. / אֲנִי מְטַיֵּל.

아니 메타엘. / 아니 메타엘레트.

키부츠에서 일하고 있습니다.〈m〉 / 〈f〉

אֲנִי עוֹבֶדֶת בְּקִיבּוּץ. / אֲנִי עוֹבֵד בְּקִיבּוּץ.

아니 오베드 베키부쯔. / 아니 오베데트 베키부쯔.

히브리 대학교에서 공부하고 있습니다.〈m〉

אֲנִי לוֹמֵד בָּאוּנִיבֶרְסִיטָה הָעִבְרִית.

아니 로메드 바우니베르씨타 하이브리트.

울판(히브리어 언어 학교)에서 히브리어를 배우고 있습니다.〈f〉

אֲנִי לוֹמֶדֶת עִבְרִית בְּאוּלְפָּן.

아니 로메데트 이브리트 베울판.

타인 소개

이 분은 누구입니까?〈m〉 / 〈f〉

מִי זֹאת? / מִי זֶה?

미 제? / 미 조트?

이 사람은 제 남편입니다.

זֶה הַבַּעַל שֶׁלִּי.

제 하바알 쉘리.

이 사람은 제 부인입니다.

זֹאת הָאִשָּׁה שֶׁלִּי.

조트 하이샤 쉘리.

이 분은 제 아버지이십니다.

זֶה אַבָּא שֶׁלִּי.

제 아바 쉘리.

이 분은 제 어머니이십니다.

זֹאת אִמָּא שֶׁלִּי.

조트 이마 쉘리.

이들은 누구입니까?

מִי אֵלֶּה?

미 엘레?

이들은 제 아이들입니다.

אֵלֶּה הַיְלָדִים שֶׁלִּי.

엘레 하옐라딤 쉘리.

이 아이는 제 아들이고 이 아이는 제 딸입니다.

זֶה הַבֵּן שֶׁלִּי וְזֹאת הַבַּת שֶׁלִּי.

제 하벤 쉘리 베조트 하바트 쉘리.

이 분들은 제 부모님이십니다.

אֵלֶּה הַהוֹרִים שֶׁלִּי.

엘레 하호림 쉘리.

코헨 씨와 인사하세요.

בְּבַקָּשָׁה לְהַכִּיר אֶת מַר כּוֹהֵן.

베바카샤 레하키르 에트 마르 코헨.

코헨 부인과 인사하세요.

בְּבַקָּשָׁה לְהַכִּיר אֶת גְּבֶרֶת כּוֹהֵן.

베바카샤 레하키르 에트 그베레트 코헨.

안녕하세요, 만나서 반갑습니다.

שָׁלוֹם, נָעִים מְאוֹד.

샬롬, 나임 메오드.

언어 능력

히브리어를 할 수 있습니까?〈m〉

אַתָּה מְדַבֵּר עִבְרִית?

아타 메다베르 이브리트?

예, 히브리어를 할 수 있습니다.〈m〉

כֵּן, אֲנִי מְדַבֵּר עִבְרִית.

켄, 아니 메다베르 이브리트.

아니오.

לֹא.

로.

영어를 할 수 있습니까?〈 f 〉

אַתְּ מְדַבֶּרֶת אַנְגְלִית?

아트 메다베레트 앙글리트?

조금만 할 수 있습니다.

רַק קְצָת.

라크 크짜트.

더 천천히 말씀해 주십시오.

בְּבַקָּשָׁה לְדַבֵּר יוֹתֵר לְאַט.

베바카샤 레다베르 요테르 레아트.

동사 목록

공부하다	לוֹמֵד 로메드〈현ms〉	לוֹמֶדֶת 로메데트〈현fs〉	
말하다	מְדַבֵּר 메다베르〈현ms〉	מְדַבֶּרֶת 메다베레트〈현fs〉	לְדַבֵּר 레다베르〈부〉
미안하다	מִצְטַעֵר 미쯔타에르〈현ms〉	מִצְטַעֶרֶת 미쯔타에레트〈현fs〉	
부르다	קוֹרְאִים 코르임〈현mp〉		
살다	גָּר 가르〈현ms〉	גָּרָה 가라〈현fs〉	
(사람, 장소를) 알다	לְהַכִּיר 레하키르〈부〉		
여행하다 산책하다	מְטַיֵּל 메타옐〈현ms〉	מְטַיֶּלֶת 메타옐레트〈현fs〉	
일하다	עוֹבֵד 오베드〈현ms〉	עוֹבֶדֶת 오베데트〈현fs〉	
태어나다	נוֹלַדְתִּי 놀라드티〈과1cs〉		
하다 만들다	עוֹשֶׂה 오쎄〈현ms〉	עוֹשָׂה 오싸〈현fs〉	

입국

안내 사항

❖ 시차

평소에는 이스라엘이 한국보다 7시간 늦고, 서머 타임을 실시하는 4월 초(유월절 시작 전)에서 9월 말 무렵(신년이 지난 후)에는 6시간 늦다.

❖ 공항

이스라엘 국제공항은 텔아비브 도심에서 남동쪽으로 15km 떨어진 곳에 위치한 벤구리온 공항이다. 이 공항 이름은 이스라엘의 초대 수상 다비드 벤구리온의 이름을 따른 것이다.

❖ 입국 심사와 비자

단체가 아닌 개인으로 이스라엘에 입국할 경우에 입국 관리자가 여행자에게 방문 목적과 체류지 및 체류 기간 등을 묻는다. 대개 벤구리온 공항을 통해서 입국할 때는 3개월짜리 여행자 비자를, 이집트나 요르단에서 육로로 입국할 때는 한 달짜리 비자를 받는다. 만일 이집트와 요르단 이외에 이스라엘과 국교가 맺어지지 않은 아랍국에 여행할 계획이 있다면, 입국 관리자에게 부탁하여 비자 스탬프를 별도의 입국 카드에 받아야 한다. 체류 기간이 길어져서 비자를 연장해야 할 경우에는 각 도시에 있는 내무부 소속의 비자 사무소를 찾아가야 한다.

❖ 환전

환전은 공항 내 환전소 또는 호텔 리셉션, 은행, 우체국, 시중의 환전소 등에서 할 수 있다. 이스라엘의 화폐 단위는 세켈(Sheqel)과 아고로트(Agorot, 1세켈=100아고로트)이다. 200, 100, 50, 20세켈짜리 지폐와 10, 5, 1, 1/2 세켈짜리 동전 및 10아고로트짜리 동전이 있다. 환율은 1달러에 약 4세켈이다(2015년 1월 현재).

이스라엘 지폐와 동전

❖ 공항에서 시내로

공항에서 입국 수속을 마치고 건물을 나서면 봉고차 모양의 합승택시(쉐루트, '서비스'라는 뜻) 타는 곳이 있다. 각 도시별로 운행되며 승객이 모이면 출발한다. 여행가방을 차 뒤 칸에 실을 수 있게 되어 있고, 승객들의 목적지에 따라 순서대로 목적지점까지 태워다 준다. 공항에서 예루살렘까지 64세켈(약 16달러), 텔아비브까지 35세켈(약 8달러)이다. 일반 중형택시(스페셜)도 운행되나 요금이 훨씬 비싸다. 호텔이나 집에서 공항으로 갈 때도 쉐루트를 예약하면 출발지점까지 와준다. 이 밖에도 공항 건물 근처에 있는 버스 정류장에서 각 도시 방향의 시외버스를 타는 방법과, 공항과 텔아비브를 연결하는 기차를 타는 방법이 있다.

기내에서

무엇을 마시겠습니까?〈m〉 / 〈f〉

מָה אַתְּ רוֹצָה לִשְׁתּוֹת? / מָה אַתָּה רוֹצֶה לִשְׁתּוֹת?

마 아타 로쩨 리쉬토트? / 마 아트 로짜 리쉬토트?

오렌지 주스를 마시겠습니다.〈m〉

אֲנִי רוֹצֶה לִשְׁתּוֹת מִיץ תַּפּוּזִים.

아니 로쩨 리쉬토트 미쯔 타푸짐.

포도주를 마시겠습니다.〈f〉

אֲנִי רוֹצָה לִשְׁתּוֹת יַיִן.

아니 로짜 리쉬토트 야인.

물 주세요.

מַיִם, בְּבַקָּשָׁה.

마임, 베바카샤.

무엇을 드시겠습니까?〈m〉 / 〈f〉

מָה אַתְּ רוֹצָה לֶאֱכוֹל? / מָה אַתָּה רוֹצֶה לֶאֱכוֹל?

마 아타 로쩨 레에콜? / 마 아트 로짜 레에콜?

닭고기를 먹겠습니다.〈m〉

אֲנִי רוֹצֶה לֶאֱכוֹל עוֹף.

아니 로쩨 레에콜 오프.

소고기를 먹겠습니다.〈f〉

אֲנִי רוֹצָה לֶאֱכוֹל בְּשַׂר בָּקָר.

아니 로짜 레에콜 브싸르 바카르.

생선으로 주세요.

דָּג, בְּבַקָּשָׁה.

다그, 베바캬샤.

안전벨트를 착용하십시오.

נָא לַחְגּוֹר חֲגוֹרַת בְּטִיחוּת.

나 라흐고르 하고라트 브티후트.

실례합니다!

סְלִיחָה!

쏠리하!

몸이 좋지 않습니다.〈m〉 / 〈f〉

אֲנִי לֹא מַרְגִּישָׁה טוֹב. / אֲנִי לֹא מַרְגִּישׁ טוֹב.

아니 로 마르기쉬 토브. / 아니 로 마르기샤 토브.

입국

(당신들에게) 약이 있습니까?

יֵשׁ לָכֶם תְּרוּפָה?

예쉬 라켐 트루파?

물 좀 주시겠습니까?(물을 얻을 수 있습니까?)

אֶפְשָׁר לְקַבֵּל מַיִם?

엡샤르 레카벨 마임?

화장실은 어디에 있습니까?

אֵיפֹה הַשֵּׁירוּתִים?

에이포 하쉐루팀?

비행기가 언제 공항에 도착합니까?

מָתַי הַמָּטוֹס מַגִּיעַ לְנָמַל הַתְּעוּפָה?

마타이 하마토스 마기아 리느말 하트우파?

입국 심사

여권을 보여주세요.

דַּרְכּוֹן, בְּבַקָּשָׁה.

다르콘, 베바카샤.

방문 목적이 무엇입니까?

מָה הִיא מַטְרַת הַבִּיקּוּר?

마 히 마트라트 하비쿠르?

여행하러 왔습니다.

בָּאתִי לְטִיּוּל.

바티 레티윸.

사업차 왔습니다.

בָּאתִי לְצוֹרֶךְ עֲסָקִים.

바티 레쪼렉 아싸킴.

대학교에서 공부하러 왔습니다.

בָּאתִי לִלְמוֹד בְּאוּנִיבֶרְסִיטָה.

바티 릴모드 베우니베르씨타.

키부츠에서 일하러 왔습니다.

בָּאתִי לַעֲבוֹד בְּקִיבּוּץ.

바티 라아보드 베키부쯔.

이스라엘에 얼마나 머물 겁니까?〈m〉 / 〈f〉

כַּמָּה זְמַן אַתָּה נִשְׁאָר בְּיִשְׂרָאֵל? / כַּמָּה זְמַן אַתְּ נִשְׁאֶרֶת בְּיִשְׂרָאֵל?

카마 즈만 아타 니쉬아르 베이쓰라엘? / 카마 즈만 아트 니쉬에레트 베이쓰라엘?

입
국

일주일간 머물 겁니다.〈m〉

אֲנִי נִשְׁאָר שָׁבוּעַ.

아니 니쉬아르 샤부아.

한 달간 머물 겁니다.〈f〉

אֲנִי נִשְׁאֶרֶת חוֹדֶשׁ.

아니 니쉬에레트 호데쉬.

세 관

세관에 신고하실 물건이 있습니까?〈m〉

יֵשׁ לְךָ עַל מַה לְהַצְהִיר בַּמֶּכֶס?

예쉬 레카 알 마 레하쯔히르 바메케쓰?

예, 신고할 물건이 있습니다.

כֵּן, יֵשׁ לִי עַל מַה לְהַצְהִיר.

켄, 예쉬 리 알 마 레하쯔히르.

아니오, 없습니다.

לֹא, אֵין לִי.

로, 에인 리.

이것은 무엇입니까?

מַה זֶה?

마 제?

이것은 선물입니다.

זאת מַתָּנָה.

조트 마타나.

입국

환 전

달러를 세켈로 환전하고 싶습니다. 〈m〉

אֲנִי רוֹצֶה לְהָמִיר אֶת הַדּוֹלָרִים בִּשְׁקָלִים.

아니 로쩨 레하미르 에트 하돌라림 비슈칼림〔베슈칼림〕.

이 수표를 현금으로 바꿀 수 있습니까?

אֶפְשָׁר לְהַחְלִיף אֶת הַצֶ'ק בִּמְזוּמָנִים?

엡샤르 레하흘리프 에트 하첵 빔주마님〔베메주마님〕?

오늘 달러 환율이 얼마입니까?

מַהוּ שַׁעַר הַחֲלִיפִין לַדּוֹלָר הַיּוֹם?

마후 샤아르 하할리핀 라돌라르 하욤?

1달러에 4세켈 30아고로트입니다.

אַרְבָּעָה שְׁקָלִים וּשְׁלוֹשִׁים אֲגוֹרוֹת לְדוֹלָר.

아르바 슈칼림 우슐로쉼 아고로트 레돌라르.

100세켈짜리 지폐로 원합니다.〈m〉

אֲנִי רוֹצֶה שְׁטָרוֹת שֶׁל מֵאָה שֶׁקֶל [שְׁקָלִים].

아니 로쩨 슈타로트 쉘 메아 쉐켈〔슈칼림〕.

분실된 짐 찾기

실례지만, 분실물 보관소가 어디 있습니까?

סְלִיחָה, אֵיפֹה מַחְלֶקֶת הָאֲבֵדוֹת?

쓸리하, 에이포 마흘레케트 하아베도트?

제 가방이 도착하지 않았습니다.

הַתִּיק שֶׁלִּי לֹא הִגִּיעַ.

하틱 쉘리 로 히기아.

여행가방 하나가 부족합니다.

חֲסֵרָה לִי מִזְוָדָה.

하쎄라 리 미즈바다.

여행가방은 무슨 색입니까?

מַה הַצֶּבַע שֶׁל הַמִּזְוָדָה?

마 하쩨바 쉘 하미즈바다?

검은색입니다.

שָׁחוֹר.

샤호르.

파란색입니다.

כָּחוֹל.

카홀.

시내로 가기

합승택시(쉐루트)를 어디에서 탑니까?

אֵיפֹה לוֹקְחִים מוֹנִית שֵׁירוּת?

에이포 로크힘 모니트 쉐루트?

택시 타는 곳은 어디에 있습니까?

אֵיפֹה תַּחֲנַת הַמּוֹנִיּוֹת?

에이포 타하나트 하모니요트?

입국

어디로 가십니까?〈m〉 / 〈f〉

לְאָן אַתָּה נוֹסֵעַ? / לְאָן אַתְּ נוֹסַעַת?

레안 아타 노쎄아? / 레안 아트 노싸아트?

예루살렘으로 갑니다.〈m〉

אֲנִי נוֹסֵעַ לִירוּשָׁלַיִם.

아니 노쎄아 리루샬라임〔레예루샬라임〕.

텔아비브로 갑니다.〈f〉

אֲנִי נוֹסַעַת לְתֵל־אָבִיב.

아니 노싸아트 레텔아비브.

예루살렘 하얏트 호텔로 가려고 합니다.〈m〉

אֲנִי רוֹצֶה לִנְסוֹעַ לְמָלוֹן הַיַּיט בִּירוּשָׁלַיִם.

아니 로쩨 린쏘아 레말론 하야트 비루샬라임〔베예루샬라임〕.

이 주소로 가려고 합니다.〈f〉

אֲנִי רוֹצָה לִנְסוֹעַ לַכְּתוֹבֶת הַזֹּאת.

아니 로짜 린쏘아 라크토베트 하조트.

버스 정류장은 어디에 있습니까?

אֵיפֹה תַּחֲנַת הָאוֹטוֹבּוּס?

에이포 타하나트 하오토부쓰?

몇 번 버스가 하이파로 갑니까?

אֵיזֶה אוֹטוֹבּוּס נוֹסֵעַ לְחֵיפָה?

에이제 오토부쓰 노쎄아 레헤이파?

얼마입니까?

כַּמָּה זֶה עוֹלֶה?

카마 제 올레?

티켓이 얼마입니까?

כַּמָּה עוֹלֶה הַכַּרְטִיס?

카마 올레 하카르티쓰?

하이파 항구

동사 목록

(타고) 가다	נוֹסֵעַ 노쎄아〈현ms〉	נוֹסַעַת 노싸아트〈현fs〉	לִנְסוֹעַ 린쏘아〈부〉
값이 들다 올라가다	עוֹלֶה 올레〈현ms〉		
공부하다	לִלְמוֹד 릴모드〈부〉		
느끼다	מַרְגִּישׁ 마르기쉬〈현ms〉	מַרְגִּישָׁה 마르기샤〈현fs〉	
도착하다	מַגִּיעַ 마기아〈현ms〉	הִגִּיעַ 히기아〈과3ms〉	
마시다	שׁוֹתֶה 쇼테〈현ms〉	שׁוֹתָה 쇼타〈현fs〉	
머무르다	נִשְׁאָר 니쉬아르〈현ms〉	נִשְׁאֶרֶת 니쉬에레트〈현fs〉	
먹다	אוֹכֵל 오켈〈현ms〉	אוֹכֶלֶת 오켈레트〈현fs〉	
바꾸다	לְהַחְלִיף 레하흘리프〈부〉		
받다	לְקַבֵּל 레카벨〈부〉		
(세관에) 신고하다	לְהַצְהִיר 레하쯔히르〈부〉		
오다	בָּאתִי 바티〈과1cs〉		
원하다	רוֹצֶה 로쩨〈현ms〉	רוֹצָה 로짜〈현fs〉	
일하다	לַעֲבוֹד 라아보드〈부〉		
차를 타다 가져가다	לוֹקְחִים 로크힘〈현mp〉		
환전하다	לְהָמִיר 레하미르〈부〉		

호 텔

안내 사항

체크인

룸서비스와 도움 요청

체크아웃

동사 목록

안내 사항

❖ 숙박시설의 종류

이스라엘에는 약 300개의 일반 호텔을 비롯하여 키부츠에서 운영하는 호텔, 펜션(찌머림), 호스텔(악싸니야), 그리고 사막에 있는 천막 형태의 여관에 이르기까지 숙박시설의 종류가 다양하다.

❖ 안식일용 엘리베이터와 전등 타이머

일부 호텔에는 안식일에 각 층마다 자동으로 서는 안식일용 엘리베이터가 설치되어 있다. 또한 호텔 방에 전등을 끄고 켜는 시간을 미리 예약해 놓을 수 있는 타이머가 설치된 곳도 있다. 이것은 안식일에 호텔에 머무는 유대 종교인들을 배려하기 위한 것으로, 안식일에 일하는 것이 유대 종교법에 금지되어 있기 때문이다. 안식일에 스위치를 누르는 것도 금지된 유대 종교인들의 철저한 생활을 엿볼 수 있다.

❖ 호텔 식당

호텔 식당들을 포함한 이스라엘 식당들은 성경에서 유래된 음식 정결법(코셔)을 따르고 있다. 이 음식법에 따르면 고기 요리와 유제품을 같이 먹지 못한다. 따라서 저녁식사 후에 호텔 식당에서 커피를 제공하지 않는다.

체크인

방이 있습니까?

יֵשׁ לָכֶם חֲדָרִים?

예쉬 라켐 하다림?

싱글룸을 원합니다.⟨m⟩

אֲנִי רוֹצֶה חֶדֶר לְיָחִיד.

아니 로쩨 헤데르 레야히드.

더블룸을 원합니다.⟨f⟩

אֲנִי רוֹצָה חֶדֶר זוּגִי.

아니 로짜 헤데르 주기.

서울에서 방을 예약해 두었습니다.

הִזְמַנְתִּי חֶדֶר מִסֵּיאוּל.

히즈만티 헤데르 미쎄울.

하룻밤에 얼마인가요?

מָה הַמְּחִיר לְלַיְלָה?

마 하메히르 레라일라?

가격에 아침식사가 포함됩니까?

הַאִם הַמְּחִיר כּוֹלֵל אֲרוּחַת בּוֹקֶר?

하임 하메히르 콜렐 아루하트 보케르?

방이 몇 층에 있습니까?

בְּאֵיזוֹ קוֹמָה הַחֶדֶר?

베에이조 코마 하헤데르?

방 번호가 무엇입니까?

מַה מִסְפַּר הַחֶדֶר?

마 미쓰파르 하헤데르?

방에 욕조가 있습니까?

יֵשׁ אַמְבַּטְיָה בַּחֶדֶר?

예쉬 암바트야 바헤데르?

방을 볼 수 있습니까?

אֶפְשָׁר לִרְאוֹת אֶת הַחֶדֶר?

엡샤르 리르오트 에트 하헤데르?

아침 6시에 모닝콜 부탁합니다.

הַשְׁכָּמָה בְּשָׁעָה שֵׁשׁ בַּבּוֹקֶר, בְּבַקָּשָׁה.

하쉬카마 베샤아 쉐쉬 바보케르, 베바카샤.

언제 아침식사를 합니까?

מָתַי אוֹכְלִים אֲרוּחַת בּוֹקֶר?

마타이 오클림 아루하트 보케르?

몇 시에 방을 비워야 합니까?

בְּאֵיזוֹ שָׁעָה צָרִיךְ לְפַנּוֹת אֶת הַחֶדֶר?

베에이조 샤아 짜리크 레파노트 에트 하헤데르?

금고를 빌릴 수 있습니까?

אֶפְשָׁר לִשְׂכּוֹר כַּסֶּפֶת?

엡샤르 리쓰코르 카쎄페트?

여기에 주차장이 있습니까?

יֵשׁ כָּאן חֲנָיָה?

예쉬 칸 하나야?

헬스장이 있습니까?

יֵשׁ כָּאן חֲדַר כּוֹשֶׁר?

예쉬 칸 하다르 코쉐르?

엘리베이터는 어디에 있습니까?

אֵיפֹה הַמַּעֲלִית?

에이포 하마알리트?

기념품 가게는 어디에 있습니까?

אֵיפֹה חֲנוּת הַמַּזְכָּרוֹת?

에이포 하누트 하마즈카로트?

(호텔) 식당이 어디에 있습니까?

אֵיפֹה חֲדַר הָאוֹכֶל?

에이포 하다르 하오켈?

룸서비스와 도움 요청

여기는 507호입니다.

כָּאן חֶדֶר חָמֵשׁ אֶפֶס שֶׁבַע.

칸 헤데르 하메쉬 에페스 쉐바.

식사를 방으로 주문해도 됩니까?

אֶפְשָׁר לְהַזְמִין אֶת הָאֲרוּחָה לַחֶדֶר?

엡샤르 레하즈민 에트 하아루하 라헤데르?

세탁 서비스가 있습니까?

יֵשׁ לָכֶם שֵׁירוּת כְּבִיסָה?

예쉬 라켐 쉐루트 크비싸?

방에서 한국으로 어떻게 전화합니까?

אֵיךְ מִתְקַשְּׁרִים לְקוֹרֵיאָה מֵהַחֶדֶר?

에이크 미트카슈림 레코레아 메하헤데르?

여기에 수건이 없습니다.

אֵין כָּאן מַגֶּבֶת.

에인 칸 마게베트.

담요와 베게를 받을 수 있습니까?

אֶפְשָׁר לְקַבֵּל שְׂמִיכָה וְכַר?

엡샤르 레카벨 쓰미카 베카르?

온냉방장치가 작동되지 않습니다.

מִיזּוּג הָאֲוִויר לֹא פּוֹעֵל.

미주그 하아비르 로 포엘.

방이 너무 시끄럽습니다.

הַחֶדֶר יוֹתֵר מִדַּי רוֹעֵשׁ.

하헤데르 요테르 미다이 로에쉬.

방을 바꿀 수 있습니까?

אֶפְשָׁר לְהַחְלִיף חֶדֶר?

엡샤르 레하흘리프 헤데르?

열쇠를 방에 두고 나왔습니다.

שָׁכַחְתִּי אֶת הַמַּפְתֵּחַ בַּחֶדֶר.

샤카흐티 에트 하마프테아흐 바헤데르.

체크아웃

오늘 떠납니다.⟨m⟩

אֲנִי עוֹזֵב הַיּוֹם.

아니 오제브 하욤.

내일 떠납니다.⟨f⟩

אֲנִי עוֹזֶבֶת מָחָר.

아니 오제베트 마하르.

계산서를 받을 수 있습니까?

אֶפְשָׁר לְקַבֵּל אֶת הַחֶשְׁבּוֹן?

엡샤르 레카벨 에트 하헤쉬본?

계산서에 오류가 있는 것 같습니다.⟨m⟩

אֲנִי חוֹשֵׁב שֶׁיֵּשׁ טָעוּת בַּחֶשְׁבּוֹן.

아니 호쉐브 쉐예쉬 타우트 바헤슈본.

신용카드로 지불해도 됩니까?

אֶפְשָׁר לְשַׁלֵּם בְּכַרְטִיס אַשְׁרַאי?

엡샤르 레샬렘 베카르티쓰 아쉬라이?

택시를 불러주실 수 있습니까?〈m〉

אַתָּה יָכוֹל לְהַזְמִין לִי מוֹנִית?

아타 야콜 레하즈민 리 모니트?

합승택시(쉐루트)를 불러주실 수 있습니까?〈f〉

אַתְּ יְכוֹלָה לְהַזְמִין לִי מוֹנִית שֵׁירוּת?

아트 예콜라 레하즈민 리 모니트 쉐루트?

이곳에서 매우 즐거웠습니다.

נֶהֱנֵיתִי מְאוֹד כָּאן.

네헤네티 메오드 칸.

또 만납시다!

לְהִתְרָאוֹת!

레히트라오트!

텔아비브 해변의 쉐라톤 호텔

호텔

동사 목록

떠나다	עוֹזֵב 오제브〈현ms〉	עוֹזֶבֶת 오제베트〈현fs〉
먹다	אוֹכְלִים 오클림〈현mp〉	
바꾸다	לְהַחְלִיף 레하흘리프〈부〉	
받다	לְקַבֵּל 레카벨〈부〉	
보다	לִרְאוֹת 리르오트〈부〉	
비우다	לְפַנּוֹת 레파노트〈부〉	
빌리다	לִשְׂכּוֹר 리쓰코르〈부〉	
생각하다	חוֹשֵׁב 호쉐브〈현ms〉	חוֹשֶׁבֶת 호쉐베트〈현fs〉
연락하다 전화하다	מִתְקַשְּׁרִים 미트카슈림〈현mp〉	
예약하다	הִזְמַנְתִּי 〈과1cs〉	
잊어버리다	שָׁכַחְתִּי 샤카흐티〈과1cs〉	
작동하다	פּוֹעֵל 포엘〈현ms〉	
주문하다	לְהַזְמִין 레하즈민〈부〉	
즐기다	נֶהֱנֵיתִי 네헤네티〈과1cs〉	
지불하다	לְשַׁלֵּם 레샬렘〈부〉	
포함하다	כּוֹלֵל 콜렐〈현ms〉	
해야 한다	צָרִיךְ 짜리크〈현ms〉	צְרִיכָה 쯔리카〈현fs〉

날씨와 시간

안내 사항

❖ 건기와 우기

이스라엘의 기후는 강우량에 따라 4~10월의 건기와 11~3월의 우기로 나뉘며, 사계절 중 여름이 길다. 특히 한여름에 여행할 때는 햇빛이 매우 강하므로 모자와 물을 필수적으로 준비해야 한다.

❖ 지역별 기후 차이

이스라엘 지형은 크게 지중해 해안 지역, 중앙 산간 지역, 요르단 계곡 지역, 그리고 남쪽 네게브 사막 지역으로 구분되며, 북쪽 지역과 남쪽 지역의 기온과 강수량이 크게 차이 난다.

네게브 사막

❖ 특이한 기후 현상

이스라엘의 긴 여름 동안 종종 동쪽 사막에서 덥고 건조한 바람이 불어오는데 이것을 '함씬' 또는 '샤라브'라고 부른다. 함씬이 있는 날은 특별히 물을 많이 마시고 두통을 예방해야 한다.

겨울철에는 중앙 산간 지역에 내린 비가 네게브 사막을 거쳐 세계에서 가장 낮은 사해 지역으로(해저 약 400m) 쓸려 내려와 사막에서 홍수가 나기도 한다.

이스라엘 남쪽 지역은 건조한 사막이지만, 북쪽 헬몬산(2,814m)에서는 겨울철에 눈이 내려 스키를 탈 수 있다. 가끔 예루살렘과 베들레헴을 포함하는 중앙 산간 지역에도 눈이 내린다.

❖ 특이한 시간 관습

이스라엘은 우리가 사용하는 양력과 성서 시대의 유대 달력을 병행해서 사용하고 있다. 요일 순서와 명절들은 고대 달력을 따른다. 일주일의 시작은 일요일(욤 리숀)이다.

안식일(샤바트)은 금요일 저녁 해질 때부터 토요일 저녁 해질 때까지이다. 달력에 매주의 안식일 시작 시간과 마치는 시간이 표기되어 있다.

새해(로쉬 하샤나)는 가을에 시작된다. 대체로 9~10월 중에 해당된다.

결혼식, 신년, 유월절 등 모든 축제와 절기 행사는 저녁에 행해진다.

날 씨

오늘 날씨가 어떻습니까?

מַה מֶזֶג הָאֲוִויר הַיּוֹם?

마 메제그 하아비르 하욤?

오늘 날씨가 좋습니다.

מֶזֶג הָאֲוִויר יָפֶה הַיּוֹם.

메제그 하아비르 야페 하욤.

정말 화창한 날이군요!

אֵיזֶה יוֹם יָפֶה!

에이제 욤 야페!

오늘은 너무 덥습니다.

חַם מְאוֹד הַיּוֹם.

함 메오드 하욤.

쿰란 동굴

오늘은 함씬입니다.

.יֵשׁ חַמְסִין הַיּוֹם

예쉬 함씬 하욤.

오늘은 춥습니다.

.קַר הַיּוֹם

.카르 하욤.

(저는) 덥습니다.

.חַם לִי

함 리.

(저는) 춥습니다.

.קַר לִי

카르 리.

덥습니까?〈m〉

?חַם לְךָ

함 레카?

춥습니까?〈f〉

?קַר לָךְ

카르 라크?

가이사랴 – 헤롯왕의 도수교(導水橋)

창문을 열어 주세요.

בְּבַקָּשָׁה לִפְתּוֹחַ אֶת הַחַלּוֹן.

베바카샤 리프토아흐 에트 하할론.

창문을 닫아 주세요.

בְּבַקָּשָׁה לִסְגּוֹר אֶת הַחַלּוֹן.

베바카샤 리쓰고르 에트 하할론.

오늘 흐린 날씨가 예상됩니다.

הַיּוֹם צָפוּי יוֹם מְעוּנָן.

하욤 짜푸이 욤 메우난.

오늘 기온이 몇 도입니까?

מָה הַטֶּמְפֶּרָטוּרָה הַיּוֹם?

마 하템페라투라 하욤?

내일 일기예보는 어떻습니까?

מָה הַתַּחֲזִית לְמָחָר?

마 하타하지트 레마하르?

내일 비가 올 것으로 예상됩니다.

מָחָר צָפוּי גֶּשֶׁם.

마하르 짜푸이 게쉠.

우산을 가져가는 것이 좋습니다.

כְּדַאי לָקַחַת מִטְרִיָּה.

크다이 라카하트 미트리야.

지금 비가 옵니다.

עַכְשָׁיו יוֹרֵד גֶּשֶׁם.

악샤브 요레드 게쉠.

밖에 눈이 옵니다.

יוֹרֵד שֶׁלֶג בַּחוּץ.

요레드 쉘레그 바후쯔.

헬몬 산에서 눈썰매 타는 사람들

시 간

실례지만, 몇 시입니까?

סְלִיחָה, מָה הַשָּׁעָה?

쏠리하, 마 하샤아?

4시입니다.

הַשָּׁעָה אַרְבַּע.

하샤아 아르바.

5시 15분입니다.

חָמֵשׁ וָרֶבַע.

하메쉬 바레바.

6시 반입니다.

שֵׁשׁ וָחֵצִי.

쉐쉬 바헤찌.

8시 20분입니다.

שְׁמוֹנֶה וְעֶשְׂרִים.

슈모네 베에쓰림.

9시 7분 전입니다.

שֶׁבַע דַּקּוֹת לְתֵשַׁע.

쉐바 다코트 레테샤.

시간 있습니까?〈m〉 / 〈f〉

יֵשׁ לְךָ זְמַן? / יֵשׁ לָךְ זְמַן?

예쉬 레카 즈만? / 예쉬 라크 즈만?

예, 있습니다.

כֵּן, יֵשׁ לִי.

켄, 예쉬 리.

아니오, 없습니다.

לֹא, אֵין לִי.

로, 에인 리.

오늘은 무슨 요일입니까?

אֵיזֶה יוֹם הַיּוֹם?

에이제 욤 하욤?

오늘은 일요일입니다.

הַיּוֹם יוֹם רִאשׁוֹן.

하욤 욤 리숀.

월요일입니다.

יוֹם שֵׁנִי.

욤 쉐니.

오늘 날짜가 며칠입니까?

מָה הַתַּאֲרִיךְ הַיּוֹם?

마 하 타아리크 하욤?

오늘은 1월 1일입니다.

הַיּוֹם הָאֶחָד בְּיַנּוּאָר.

하욤 하에하드 베야누아르.

2월 8일입니다.

שְׁמוֹנָה בְּפֶבְּרוּאָר.

슈모나 베페브루아르.

동사 목록

가져가다	לָקַחַת 라카하트〈부〉
내리다	יוֹרֵד 요레드〈현ms〉
닫다	לִסְגּוֹר 리쓰고르〈부〉
열다	לִפְתּוֹחַ 리프토아흐〈부〉

교 통

안내 사항

길 묻기

버스와 기차

택시

렌터카

비행기

동사 목록

안내 사항

❖ 버스 운행 시간표

버스 터미널에서 시외버스와 시내버스의 노선별 운행 시간표(루아흐 하즈마님)를 얻을 수 있다. 자주 이용하는 버스의 시간표를 가지고 다니면 편리하다.

❖ 시내버스와 예루살렘 경전철(트램) 티켓 구입하기

시내버스 일회용 티켓은 운전기사에게 구입하고 예루살렘 경전철 일회용 티켓은 정거장의 승차권 판매기에서 살 수 있다(각 6.9세켈). 예루살렘 버스터미널이나 자파 거리 빈얀 클랄 건물에서 라브카브(Rav Kav) 교통카드를 구입하여 돈을 충천하면 에게드 버스와 경전철 모두 이용 가능하며, 90분 이내에 추가비용 없이 환승할 수 있다.

라브카브 교통카드

❖ 기차 이용

벤구리온 공항－텔아비브－하이파－나하리야 노선, 텔아

비브－브엘세바 노선, 크파르 싸바－텔아비브－예루살렘 노선 등이 있다. 학생은 (국제) 학생증을 제시하면 일정액의 요금 할인을 받을 수 있다.

기차표

❖ 택시 이용

이스라엘에는 콜택시 제도가 일반화되어 있어서 편리하다. 콜택시를 이용할 경우에 기본요금(12.3세켈)과 호출요금(5세켈) 그리고 이동요금을 합한 금액을 낸다. 길에서 택시를 탈 때는 아무데서나 택시를 잡을 수 있다. 야간이나 휴일에는 할증요금(25퍼센트)을 내야 한다. 트렁크에 여행가방을 실을 때는 하나에 5세켈씩 추가된다. 영수증(카발라)이 필요하면 운전기사에게 부탁하여 자동발급기를 통해서 받을 수 있다. 안식일에는 모든 대중교통이 운행을 중단하지만 일부 택시 회사들은 영업을 한다.

❖ 지하철

세계에서 가장 작은 지하철 중 하나이며 하이파의 명물에 속하기도 하는 '카르멜리트'가 이스라엘의 유일한 지하철이다. 두 칸으로 이루어진 두 대의 지하철이 하이파의 갈멜 산 구역과 지중해변 구역 사이를 운행한다. 고도의 차이는 274m이고 운행 거리는 1,800m이며 정거장 수는 모두 6개뿐이다.

❖ 렌터카 이용하기

벤구리온 공항과 각 도시에 렌터카 업체들이 있다. (국제) 운전면허증, 여권, 신용카드를 소지해야 하고 만21세 이상이어야 한다. 2014년 12월에 한국, 이스라엘 양국 간 운전면허증 상호 인정 및 교환에 관한 협정이 맺어져 조만간 한국 운전면허증으로 이스라엘에서 운전할 수 있게 될 예정이다.

❖ 공항 보안 검사

이스라엘 벤구리온 공항은 까다로운 보안 검사로 유명하다. 각국에서 이스라엘로 들어오는 이스라엘의 엘알(EL-AL) 항공과 이스라엘에서 출발하는 모든 항공 이용자들이 보안 검사를 받는다.

여행자들은 공항에 줄을 서서 보안 검사 직원으로부터 “누가 여행가방을 꾸렸습니까?”, “무기를 소지하고 있습니까?”, “지금 어디에서 오시는 길입니까?” 등의 질문을 받는다. 의사소통이 되지 않는 경우에는 한국어로 된 질문지로 질문을 받게 된다. 직원이 각 질문을 손가락으로 가리키면, 여행자는 손가락으로 답을 가리키거나 “예스”와 “노”로 답하면 된다.

질문이 끝나면 직원이 가방을 검사한 후 내용물이 확인된 가방에 스티커를 붙여준다. 이러한 절차는 승객의 안전을 위한 것이며 이스라엘인과 외국인 누구나 거쳐야 한다. 좀 불편하긴 하지만 그곳 사정을 이해하고 협조하는 것이 바람직하다.

길 묻기

실례지만, 이스라엘 박물관에 어떻게 (걸어)갑니까?

סְלִיחָה, אֵיךְ הוֹלְכִים לְמוּזֵאוֹן יִשְׂרָאֵל?

쓸리하, 에이크 홀킴 레무제온 이쓰라엘?

쭉 걸어가세요.〈m〉 / 〈 f 〉

לְכִי יָשָׁר. / לֵךְ יָשָׁר.

레크 야샤르. / 레키 야샤르.

실례지만, 야드바쉠(6백만 유대인 학살 추모관)에 어떻게 (차로) 갑니까?

סְלִיחָה, אֵיךְ נוֹסְעִים לְיָד וָשֵׁם?

쓸리하, 에이크 노쓰임 레야드 바쉠?

직진하세요.〈m〉 / 〈 f 〉

סְעִי יָשָׁר. / סַע יָשָׁר.

싸 야샤르. / 쓰이 야샤르.

실례지만, 벤예후다 거리에 어떻게 갑니까?

סְלִיחָה, אֵיךְ מַגִּיעִים לִרְחוֹב בֶּן־יְהוּדָה?

쓸리하, 에이크 마기임 리르호브〔레르호브〕 벤예후다?

오른쪽으로 가시다가 왼쪽으로 가세요.

יָמִינָה וּשְׂמֹאלָה.

야미나 우쓰몰라.

크네쎄트(이스라엘 국회 건물)까지 거리가 얼마입니까?

מָה הַמֶּרְחָק לַכְּנֶסֶת?

마 하메르학 라크네쎄트?

걸어서 10분 걸립니다.

עֶשֶׂר דַּקּוֹת בָּרֶגֶל.

에쎄르 다코트 바레겔.

이 길이 통곡의 벽으로 가는 길입니까?

זֹאת הַדֶּרֶךְ לַכּוֹתֶל?

조트 하데레크 라코텔?

예.

כֵּן.

켄.

예루살렘 통곡의 벽

실례지만, 관광 안내소가 어디에 있습니까?

סְלִיחָה, אֵיפֹה לִשְׁכַּת הַמּוֹדִיעִין לְתַיָּרִים?

쓸리하, 에이포 리쉬카트 하모디인 레타야림?

지도를 받을 수 있습니까?

אֶפְשָׁר לְקַבֵּל אֶת הַמַּפָּה?

엡샤르 레카벨 에트 하마파?

예루살렘 지도를 받을 수 있습니까?

אֶפְשָׁר לְקַבֵּל אֶת מַפַּת יְרוּשָׁלַיִם?

엡샤르 레카벨 에트 마파트 예루샬라임?

제가 이 지도상에서 어디에 있습니까?〈m〉 / 〈f〉

אֵיפֹה אֲנִי נִמְצֵאת עַל הַמַּפָּה? / אֵיפֹה אֲנִי נִמְצָא עַל הַמַּפָּה?

에이포 아니 님짜 알 하마파? / 에이포 아니 님쩨트 알 하마파?

다윗 왕 호텔은 이 지도상에서 어디에 있습니까?

אֵיפֹה מָלוֹן מֶלֶךְ דָּוִד נִמְצָא עַל הַמַּפָּה?

에이포 말론 멜렉 다비드 님짜 알 하마파?

여기입니다.

פֹּה.

포.

주차장은 어디에 있습니까?

אֵיפֹה יֵשׁ חֲנָיָה?

에이포 예쉬 하나야?

저기 있습니다.

שָׁם.

샴.

버스와 기차

실례지만, 버스 정류장이 어디에 있습니까?

סְלִיחָה, אֵיפֹה תַּחֲנַת הָאוֹטוֹבּוּס?

쓸리하, 에이포 타하나트 하오토부쓰?

실례지만, 버스 터미널이 어디에 있습니까?

סְלִיחָה, אֵיפֹה הַתַּחֲנָה הַמֶּרְכָּזִית?

쓸리하, 에이포 하타하나 하메르카지트?

실례지만, 기차역이 어디에 있습니까?

סְלִיחָה, אֵיפֹה תַּחֲנַת הָרַכֶּבֶת?

쓸리하, 에이포 타하나트 하라케베트?

몇 번 버스가 히브리 대학교에 갑니까?

אֵיזֶה אוֹטוֹבּוּס נוֹסֵעַ לָאוּנִיבֶרְסִיטָה הָעִבְרִית?

에이제 오토부쓰 노쎄아 라우니베르씨타 하이브리트?

9번 버스가 갑니다.

אוֹטוֹבּוּס מִסְפָּר תֵּשַׁע.

오토부쓰 미쓰파르 테샤.

(운행)시간표를 받을 수 있습니까?

אֶפְשָׁר לְקַבֵּל אֶת לוּחַ הַזְּמַנִּים?

엡샤르 레카벨 에트 루아흐 하즈마님?

어디서 내려야 합니까?〈m〉 / 〈f〉

אֵיפֹה אֲנִי צָרִיךְ לָרֶדֶת? / אֵיפֹה אֲנִי צְרִיכָה לָרֶדֶת?

에이포 아니 짜리크 라레데트? / 에이포 아니 쯔리카 라레데트?

다음 정거장에서요.

בַּתַּחֲנָה הַבָּאָה.

바타하나 하바.

세 정거장 후에요.

אַחֲרֵי שָׁלוֹשׁ תַּחֲנוֹת.

아하레 샬로쉬 타하노트.

텔아비브 가는 티켓 주세요.

כַּרְטִיס לְתֵל־אָבִיב, בְּבַקָּשָׁה.

카르티쓰 레텔아비브, 베바카샤.

편도 티켓이요, 왕복 티켓이요?

כַּרְטִיס לְכִיווּן אֶחָד אוֹ הָלוֹךְ וָשׁוֹב?

카르티쓰 레키분 에하드 오 할로크 바쇼브?

편도로 주세요.

לְכִיווּן אֶחָד, בְּבַקָּשָׁה.

레키분 에하드, 베바카샤.

교통

왕복으로 주세요.

הָלוֹךְ וָשׁוֹב, בְּבַקָּשָׁה.

할로크 바쇼브, 베바카샤.

(요금은) 얼마입니까?

כַּמָּה זֶה עוֹלֶה?

카마 제 올레?

티켓은 얼마입니까?

כַּמָּה עוֹלֶה הַכַּרְטִיס?

카마 올레 하카르티쓰?

티켓은 20세켈입니다.

הַכַּרְטִיס עוֹלֶה עֶשְׂרִים שֶׁקֶל [שְׁקָלִים].

하카르티쓰 올레 에쓰림 쉐켈〔슈칼림〕.

이 버스는 직행입니까?

זֶה אוֹטוֹבּוּס יָשִׁיר?

제 오토부쓰 야쉬르?

첫 버스가 언제 출발합니까?

מָתַי יוֹצֵא הָאוֹטוֹבּוּס הָרִאשׁוֹן?

마타이 요쩨 하오토부쓰 하리숀?

아침 8시에요.

בִּשְׁמוֹנֶה בַּבּוֹקֶר.

비슈모네〔베슈모네〕 바보케르.

마지막 버스는 언제 출발합니까?

מָתַי יוֹצֵא הָאוֹטוֹבּוּס הָאַחֲרוֹן?

마타이 요쩨 하오토부쓰 하아하론?

밤 11시에요.

בְּאַחַת עֶשְׂרֵה בַּלַּיְלָה.

베아하트 에쓰레 바라일라.

다음 버스는 언제 출발합니까?

?מָתַי יוֹצֵא הָאוֹטוֹבּוּס הַבָּא

마타이 요쩨 하오토부쓰 하바?

10분 후에요.

.אַחֲרֵי עֶשֶׂר דַּקּוֹת

아하레 에쎄르 다코트.

에일랏까지 얼마나 걸립니까?

?כַּמָּה זְמַן הַנְּסִיעָה עַד אֵילַת

카마 즈만 하느씨아 아드 엘라트?

약 세 시간 반 걸립니다.

.בְּעֵרֶךְ שָׁלוֹשׁ שָׁעוֹת וָחֵצִי

베에렉 샬로쉬 샤오트 바헤찌.

이 버스는 언제 사해에 도착합니까?

?מָתַי מַגִּיעַ הָאוֹטוֹבּוּס לְיַם הַמֶּלַח

마타이 마기아 하오토부쓰 레얌 하멜라흐?

12시쯤에요.

.בִּסְבִיבוֹת שְׁתֵּים עֶשְׂרֵה

비쓰비보트 슈템 에쓰레.

기차가 얼마 간격으로 출발합니까?

כָּל כַּמָּה זְמַן יוֹצֵאת הָרַכֶּבֶת?

콜 카마 즈만 요쩨트 하라케베트?

15분마다요.

כָּל רֶבַע שָׁעָה.

콜 레바 샤아.

하데라에 가는 기차는 몇 번 플랫폼에서 출발합니까?

מֵאֵיזֶה רָצִיף יוֹצֵאת הָרַכֶּבֶת לַחֲדֵרָה?

메에이제 라찌프 요쩨트 하라케베트 라하데라?

이 기차는 헤르쩰리야에 섭니까?

הָרַכֶּבֶת עוֹצֶרֶת בְּהֶרְצְלִיָּה?

하라케베트 오쩨레트 베헤르쩰르야?

이 자리가 비었습니까?

הַמָּקוֹם הַזֶּה פָּנוּי?

하마콤 하제 파누이?

여기 앉아도 됩니까?

אֶפְשָׁר לָשֶׁבֶת כָּאן?

엡샤르 라쉐베트 칸?

교통

이 좌석에 앉을 사람이 있습니다.

הַכִּסֵּא הַזֶּה תָּפוּס.

하키쎄 하제 타푸쓰.

자리가 없습니다.

אֵין מָקוֹם.

에인 마콤.

안으로 들어가 주십시오.

בְּבַקָּשָׁה לְהִתְקַדֵּם.

베바카샤 레히트카뎀.

멈추시오!

עֲצוֹר!

아쪼르!

금연!

אָסוּר לְעַשֵּׁן!

아쑤르 레아쉔!

감람산에서 내려다 본 예루살렘

택 시

택시!

מוֹנִית!

모니트!

택시를 부르고 싶습니다.〈m〉 / 〈f〉(전화로 택시를 부를 때)

אֲנִי רוֹצֶה לְהַזְמִין מוֹנִית. / אֲנִי רוֹצָה לְהַזְמִין מוֹנִית.

아니 로쩨 레하즈민 모니트. / 아니 로짜 레하즈민 모니트.

여기는 라못, 술람 야콥 거리 8번지입니다.

כָּאן רָמוֹת, רְחוֹב סוּלַם יַעֲקֹב שְׁמוֹנֶה.

칸 라못, 르호브 술람 야콥 슈모네.

어디로 가십니까?〈m〉 / 〈f〉

לְאָן אַתָּה נוֹסֵעַ? / לְאָן אַתְּ נוֹסַעַת?

레안 아타 노쎄아? / 레안 아트 노싸아트?

에인케렘에 있는 하다싸 병원으로요.

לְבֵית הַחוֹלִים בְּעֵין־כֶּרֶם.

레베이트 하홀림 베에인케렘.

시내로요.

לְמֶרְכַּז הָעִיר.

레메르카즈 하이르.

이 주소로 가 주세요.〈m〉

בְּבַקָּשָׁה, סַע לַכְּתוֹבֶת הַזֹּאת.

베바카샤, 싸 라크토베트 하조트.

그곳은 멉니까?

זֶה רָחוֹק?

제 라혹?

좀 더 천천히 가 주세요.〈m〉

סַע יוֹתֵר לְאַט, בְּבַקָּשָׁה.

싸 요테르 레아트, 베바카샤.

좀 더 빨리 가 주세요.〈m〉

סַע יוֹתֵר מַהֵר, בְּבַקָּשָׁה.

싸 요테르 마헤르, 베바카샤.

직진해 주세요.〈m〉

סַע יָשָׁר, בְּבַקָּשָׁה.

싸 야샤르, 베바카샤.

여기 멈춰 주세요.〈m〉

עֲצוֹר כָּאן, בְּבַקָּשָׁה.

아쪼르 칸, 베바카샤.

저기 멈춰 주세요.〈m〉

עֲצוֹר שָׁם, בְּבַקָּשָׁה.

아쪼르 샴, 베바카샤.

신호등 다음에 멈춰 주세요.〈m〉

עֲצוֹר אַחֲרֵי הָרַמְזוֹר, בְּבַקָּשָׁה.

아쪼르 아하레 하람조르, 베바카샤.

저 건물 옆에 멈춰 주세요.〈m〉

עֲצוֹר לְיַד הַבִּנְיָן הַזֶּה, בְּבַקָּשָׁה.

아쪼르 레야드 하비느얀 하제, 베바카샤.

기다려 주실 수 있습니까?〈m〉

אַתָּה יָכוֹל לְחַכּוֹת לִי?

아타 야콜 레하코트 리?

(요금이) 얼마입니까?

כַּמָּה זֶה עוֹלֶה?

카마 제 올레?

베들레헴까지 요금이 얼마입니까?

מַה הַמְּחִיר לְבֵית־לֶחֶם?

마 하메히르 레베트레헴?

렌터카

자동차를 렌트하고 싶습니다. ⟨m⟩

אֲנִי רוֹצֶה לִשְׂכּוֹר מְכוֹנִית.

아니 로쩨 리쓰코르 메코니트.

교통

얼마 동안요?

לְכַמָּה זְמַן?

레카마 즈만?

하루 동안요.

לְיוֹם.

레욤.

일주일 동안요.

לְשָׁבוּעַ.

레샤부아.

한 달 동안요.

לְחוֹדֶשׁ.

레호데쉬.

하루 요금이 얼마입니까?

מָה הַתַּעֲרִיף לְיוֹם?

마 하타아리프 레욤?

보험료가 포함되어 있습니까?

זֶה כּוֹלֵל בִּיטּוּחַ?

제 콜렐 비투아흐?

여기 제 운전면허증이 있습니다.

הִנֵּה רִשְׁיוֹן הַנְּהִיגָה שֶׁלִּי.

히네 리쉬욘 하느히가 쉘리.

공항에서 차를 반환하고 싶습니다.〈m〉

אֲנִי רוֹצֶה לְהַחֲזִיר אֶת הָרֶכֶב בִּנְמַל הַתְּעוּפָה.

아니 로쩨 레하하지르 에트 하레케브 비느말 하트우파.

주유소가 어디에 있습니까?

אֵיפֹה יֵשׁ תַּחֲנַת דֶּלֶק?

에이포 예쉬 타하나트 델렉?

가득 채워 주십시오.

בְּבַקָּשָׁה לְמַלֵּא עַד הַסּוֹף.

베바카샤 레말레 아드 하쏘프.

가까운 자동차 수리점이 어디에 있습니까?

אֵיפֹה הַמּוּסָךְ הַקָּרוֹב?

에이포 하무싸크 하카로브?

차가 고장났습니다.

הָרֶכֶב הִתְקַלְקֵל.

하레케브 히트칼켈.

타이어가 터졌습니다.

יֵשׁ לִי תֶּקֶר [פַּנְצֶ'ר] בַּגַּלְגַּל.

예쉬 리 테케르〔판췌르〕 바갈갈.

문에 문제가 있습니다.

יֵשׁ בְּעָיָה בַּדֶּלֶת.

예쉬 베아야〔바야〕 바델레트.

세차해 주십시오.

בְּבַקָּשָׁה לְנַקּוֹת אֶת הָרֶכֶב.

베바카샤 레나코트 에트 하레케브.

한국행 비행기 좌석을 예약하려고 합니다.〈m〉

אֲנִי רוֹצֶה לְהַזְמִין כַּרְטִיס טִיסָה לְקוֹרֵיאָה.

아니 로쩨 레하즈민 카르티쓰 티싸 레코레아.

언제 한국행 비행기가 있습니까?

מָתַי יֵשׁ טִיסָה לְקוֹרֵיאָה?

마타이 예쉬 티싸 레코레아?

언제 떠나시렵니까?〈m〉

מָתַי אַתָּה רוֹצֶה לִנְסוֹעַ?

마타이 아타 로쩨 린쏘아?

그것은 직행인가요?

זאת טִיסָה יְשִׁירָה?

조트 티싸 예쉬라?

비행기 티켓 날짜를 변경하려고 합니다.〈f〉

אֲנִי רוֹצָה לְשַׁנּוֹת אֶת תַּאֲרִיךְ הַטִּיסָה.

아니 로짜 레샤노트 에트 타아리크 하티싸.

비행기 좌석을 취소하려고 합니다.〈m〉

אֲנִי רוֹצֶה לְבַטֵּל אֶת הַטִּיסָה.

아니 로쩨 레바텔 에트 하티싸.

비행기 좌석 예약을 확인하려고 합니다.〈f〉

אֲנִי רוֹצָה לְאַשֵּׁר אֶת הַטִּיסָה.

아니 로짜 레아쉐르 에트 하티싸.

당신은 대기자 명단에 있습니다.〈m〉 / 〈f〉

אַתְּ בְּהַמְתָּנָה. / אַתָּה בְּהַמְתָּנָה.

아타 베함타나. / 아트 베함타나.

이 여행가방을 누가 꾸렸습니까?(보안 검사 때)

מִי אָרַז אֶת הַמִּזְוָדָה?

미 아라즈 에트 하미즈바다?

제가요.

אֲנִי.

아니.

무기를 소지하고 계십니까?〈m〉 / 〈f〉

יֵשׁ לְךָ נֶשֶׁק? / יֵשׁ לָךְ נֶשֶׁק?

예쉬 레카 네쉑? / 예쉬 라크 네쉑?

교통

아니요.

לֹא.

로.

여행가방을 열어 주십시오.

בְּבַקָּשָׁה לִפְתּוֹחַ אֶת הַמִּזְוָדָה.

베바카샤 리프토아흐 에트 하미즈바다.

엘알 항공 데스크는 어디에 있습니까?

אֵיפֹה דֶּלְפֵּק חֶבְרַת אֶל־עַל?

에이포 델펙 헤브라트 엘알?

여권과 비행기 티켓을 보여주십시오.

דַּרְכּוֹן וְכַרְטִיס טִיסָה, בְּבַקָּשָׁה.

다르콘 베카르티쓰 티싸, 베바카샤.

앞쪽 좌석을 부탁합니다.〈m〉

אֲנִי מְבַקֵּשׁ מוֹשָׁב בָּאֵזוֹר הַקִּדְמִי.

아니 메바케쉬 모샤브 바에조르 하키드미.

뒤쪽 좌석을 부탁합니다.〈f〉

אֲנִי מְבַקֶּשֶׁת מוֹשָׁב בָּאֵזוֹר הָאֲחוֹרִי.

아니 메바케쉐트 모샤브 바에조르 하아호리.

일등석을 부탁합니다.

מוֹשָׁב בְּמַחְלָקָה רִאשׁוֹנָה, בְּבַקָּשָׁה.

모샤브 베마흘라카 리쇼나, 베바카샤.

통로 쪽 좌석을 부탁합니다.

מוֹשָׁב בַּמַּעֲבָר, בְּבַקָּשָׁה.

모샤브 바마아바르, 베바카샤.

창 쪽 좌석을 부탁합니다.

מוֹשָׁב לְיַד הַחַלּוֹן, בְּבַקָּשָׁה.

모샤브 레야드 하할론, 베바카샤.

탑승권을 보여주십시오.

כַּרְטִיס עֲלִיָּה, בְּבַקָּשָׁה.

카르티쓰 알리야, 베바카샤.

한국행 비행기가 언제 출발합니까?

מָתַי יוֹצֵאת הַטִּיסָה לְקוֹרֵיאָה?

마타이 요쩨트 하티싸 레코레아?

7번 게이트로 가십시오.

נָא לָגֶשֶׁת לְשַׁעַר מִסְפָּר שֶׁבַע.

나 라게쉐트 레샤아르 미쓰파르 쉐바.

언제 착륙합니까?

מָתַי נוֹחֲתִים?

마타이 노하팀?

비행기가 10분 연착될 예정입니다.

הַנְּחִיתָה תִּתְעַכֵּב בְּעֶשֶׂר דַּקּוֹת.

하느히타 티트아케브 베에쎄르 다코트.

좋은 여행이 되기를 바랍니다!

נְסִיעָה טוֹבָה!

느씨아 토바!

동사 목록

가다	הוֹלְכִים 홀킴〈현mp〉	לֵךְ 레크〈명2ms〉				
(타고) 가다	נוֹסֵעַ 노쎄아〈현ms〉	נוֹסַעַת 노싸아트〈현fs〉	נוֹסְעִים 노쓰임〈현mp〉	לִנְסוֹעַ 린쏘아〈부〉	סַע 싸〈명2ms〉	סְעִי 쓰이〈명2fs〉
고장나다	הִתְקַלְקֵל 히트칼켈〈과3ms〉					
기다리다	לְחַכּוֹת 레하코트〈부〉					
나가다 떠나다	יוֹצֵא 요쩨〈현ms〉	יוֹצֵאת 요쩨트〈현fs〉				
내리다	לָרֶדֶת 라레데트〈부〉					
담배 피우다	לְעַשֵּׁן 레아쉔〈부〉					
도착하다	מַגִּיעַ 마기아〈현ms〉	מַגִּיעִים 마기임〈현mp〉				

돌려주다	לְהַחֲזִיר 레하하지르〈부〉		
멈추다	עוֹצֵר 오쩨르〈현ms〉	עוֹצֶרֶת 오쩨레트〈현fs〉	עֲצוֹר 아쪼르〈명2ms〉
받다	לְקַבֵּל 레카벨〈부〉		
변경하다	לְשַׁנּוֹת 레샤노트〈부〉		
부탁하다	מְבַקֵּשׁ 메바케쉬〈현ms〉	מְבַקֶּשֶׁת 메바케쉐트〈현fs〉	
빌리다 렌트하다	לִשְׂכּוֹר 리쓰코르〈부〉		
앉다	לָשֶׁבֶת 라쉐베트〈부〉		
연착되다	תִּתְעַכֵּב 티트아케브〈미3fs〉		
열다	לִפְתּוֹחַ 리프토아흐〈부〉		
위치하다	נִמְצָא 님짜〈현ms〉	נִמְצֵאת 님쩨트〈현fs〉	
전진하다	לְהִתְקַדֵּם 레히트카뎀〈부〉		
접근하다	לָגֶשֶׁת 라게쉐트〈부〉		
주문하다	לְהַזְמִין 레하즈민〈부〉		
짐을 싸다	אָרַז 아라즈〈과3ms〉		
착륙하다	נוֹחֲתִים 노하팀〈현mp〉		
채우다	לְמַלֵּא 레말레〈부〉		
청소하다	לְנַקּוֹת 레나코트〈부〉		
취소하다	לְבַטֵּל 레바텔〈부〉		
포함하다	כּוֹלֵל 콜렐〈현ms〉		
확인하다 승인하다	לְאַשֵּׁר 레아쉐르〈부〉		

관 광

안내 사항

❖ 작지만 다채로운 나라

이스라엘은 작은 땅을 가진 나라이지만 서쪽 지중해의 아름다운 해변, 북쪽의 눈 덮인 헬몬 산과 평화로운 갈릴리 호수, 중앙 산간 지역에 있는 예루살렘의 옛 성, 남쪽 네게브의 신비로운 사막과 수영을 하지 않아도 누구나 뜨는 사해, 그리고 최남단의 홍해변에 있는 에일랏 휴양도시 등 다양한 모습이 어우러진 아름다운 나라이다.

❖ 지도 이용하기

이스라엘 관광 안내소에서 무료로 배부하는 각 도시별 지도를 이용하면 목적지에 찾아가기 쉽다.

❖ 성지에서의 옷차림

교회와 회당 및 아랍 사원을 방문할 때는 소매가 있는 옷과 무릎 아래로 내려오는 옷을 입어야 한다. 또한 회당이나 통곡의 벽을 방문할 때 남자들은 입구에 비치된 키파(종교의식용 작은 모자)를 써야 한다.

❖ 안식일에는 촬영 금지

안식일에는 통곡의 벽과 회당에서 사진 촬영이 금지되어 있다.

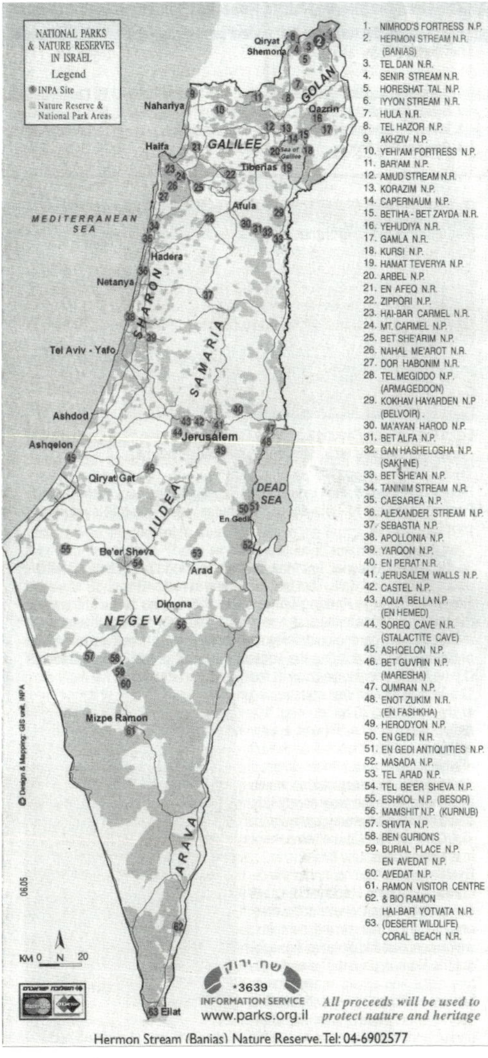

이스라엘 국립공원 지도

관광

관광지 방문

단체 관광이 있습니까?

?יֵשׁ לָכֶם סִיוּרִים מְאוּרְגָּנִים

예쉬 라켐 씨유림 메우르가님?

그 관광은 얼마나 걸립니까?

?כַּמָּה זְמַן נִמְשָׁךְ הַסִּיוּר

카마 즈만 님샤크 하씨유르?

반나절이요.

.חֲצִי יוֹם

하찌 욤.

하루요.

.יוֹם שָׁלֵם

욤 샬렘.

가이드가 영어로 말합니까?

?הַמַּדְרִיךְ מְדַבֵּר בְּאַנְגְּלִית

하마드리크 메다베르 베앙글리트?

그 여행 경비는 얼마입니까?

מַה מְחִיר הַטִּיּוּל?

마 메히르 하티윱?

경비에 점심식사가 포함됩니까?

הַמְּחִיר כּוֹלֵל אֲרוּחַת צָהֳרַיִם?

하메히르 콜렐 아루하트 쪼호라임?

그 관광은 어디에서 출발합니까?

אֵיפֹה מַתְחִיל הַסִּיּוּר?

에이포 마트힐 하씨유르?

몇 시에 출발합니까?

בְּאֵיזוֹ שָׁעָה יוֹצְאִים?

베에이조 샤아 요쯔임?

박물관은 언제 문을 엽니까?

מָתַי הַמּוּזֵאוֹן נִפְתָּח?

마타이 하무제온 니프타흐?

이곳은 언제 문을 닫습니까?

מָתַי זֶה נִסְגָּר?

마타이 제 니쓰가르?

이스라엘 박물관 입장권

입장료가 얼마입니까?

?מַה מְחִיר הַכְּנִיסָה

마 메히르 하크니싸?

이 건물은 무엇입니까?

?מַה הַבִּנְיָן הַזֶּה

마 하비느얀 하제?

이 교회에 들어가도 됩니까?

?אֶפְשָׁר לְהִיכָּנֵס לַכְּנֵסִיָּה הַזֹּאת

엡샤르 레히카네쓰 라크네씨야 하조트?

황금 사원은 어디에 있습니까?

?אֵיפֹה הַר הַבַּיִת (히브리어로는 '성전산')

에이포 하르 하바이트?

이것은 언제 지어진 것입니까?

מָתַי זֶה נִבְנָה?

마타이 제 니브나?

회당에서 사진을 찍어도 됩니까?

אֶפְשָׁר לְצַלֵּם בְּבֵית הַכְּנֶסֶת?

엡샤르 레짤렘 베베이트 하크네쎄트?

우리 사진 좀 찍어 주시겠습니까?〈m〉

אַתָּה יָכוֹל לְצַלֵּם אוֹתָנוּ?

아타 야콜 레짤렘 오타누?

제 사진 좀 찍어 주시겠습니까?〈 f 〉

אַתְּ יְכוֹלָה לְצַלֵּם אוֹתִי?

아트 예콜라 레짤렘 오티?

예루살렘 황금사원

촬영 금지!

אָסוּר לְצַלֵּם!

아쑤르 레짤렘!

화장실이 어디에 있습니까?

אֵיפֹה הַשֵּׁירוּתִים?

에이포 하쉐루팀?

동사 목록

건축되다	נִבְנָה 니브나〈과3ms〉	
계속되다	נִמְשָׁךְ 님샤크〈현ms〉	
닫히다	נִסְגָּר 니쓰가르〈현ms〉	
떠나다 출발하다	יוֹצְאִים 요쯔임〈현mp〉	
들어가다	לְהִיכָּנֵס 레히카네쓰〈부〉	
말하다	מְדַבֵּר 메다베르〈현ms〉	
사진 찍다	לְצַלֵּם 레짤렘〈부〉	
시작하다	מַתְחִיל 마트힐〈현ms〉	
열리다	נִפְתָּח 니프타흐〈현ms〉	
할 수 있다	יָכוֹל 야콜〈현ms〉	יְכוֹלָה 예콜라〈현fs〉

음 식

안내 사항

❖ 식당 밖 식탁

이스라엘 식당들이 있는 곳을 가면 식탁들이 식당 밖에 놓여 있는 풍경을 흔히 볼 수 있다. 여름에는 파라솔을 펴고, 겨울에는 스탠드형 가스난로를 켜고 탁 트인 거리에서 음식을 먹는 사람들의 모습이 여유로워 보인다.

❖ 코셔

코셔란 성경에서 유래된 유대인들의 음식 정결법으로, 이 법에 따르면 고기 음식과 유제품을 함께 먹거나, 돼지고기와 비늘 없는 생선을 먹으면 안 된다. 이 때문에 이스라엘에는 고기 요리를 파는 육식 식당과 유제품 요리를 파는 채식 식당이 구분되어 있고, 코셔 규칙을 지키지 않으면 일정 기간 동안 영업을 정지당하기도 한다. 코셔를 엄격히 지키는 유대 종교인들은 가정에서도 그릇이나 용기를 육류용과 유제품용으로 구별해서 사용한다.

❖ 베드로 고기

갈릴리 호수 지역에서 가장 인기 있는 메뉴는 호수에서 잡히는 유명한 민물고기인 베드로 고기(암눈) 요리이다. 이 물고기는 예수님의 오병이어(다섯 개의 빵과 두 마리의 물고기) 기적에 사용되었

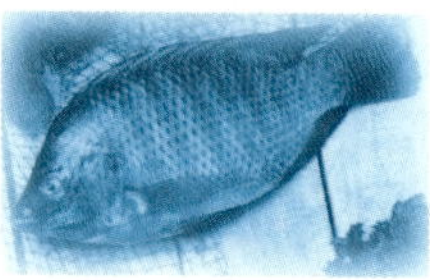
갈릴리의 베드로 물고기

고, 베드로가 부활하신 예수님을 만났을 때 잡은 것이라 하여 베드로 고기라는 이름이 붙여졌다. 기름에 튀긴 요리로 맛이 담백하며 한국인들의 입맛에도 잘 맞는다.

❖ 식당 팁

식당에서 관행상 12퍼센트의 팁을 지불한다. 계산서에 팁이 포함되어 있는 경우와 그렇지 않은 경우가 있으니 확인해야 한다.

❖ 셀프 서비스 식당

대학 식당이나 여행지에 셀프 서비스(쉐루트 아쯔미) 식당들이 있다. 식판·숟가락·포크·나이프를 먼저 챙겨 들고, 먹고 싶은 요리를 가리키면 종업원이 접시에 담아 준다. 샐러드, 후식, 음료수는 각자 선택하여 식판에 담은 음식과 함께 계산대에서 요금을 지불한다.

갈릴리 오병이어 교회 모자이크 바닥

❖ 길거리 음식

거리에서 사먹을 수 있는 음식으로 팔라펠, 슈바르마 및 피자가 있다.

팔라펠은 호무스라는 노란 콩을 갈아서 양념한 후에 동그랗게 빚어서 튀긴 것이고, 슈바르마는 양고기나 칠면조 고기를 빙빙 돌아가는 꼬챙이에 큰 덩어리로 끼워서 구워 만든 것이다.

속이 비고 동그란 모양으로 생긴 피타 빵의 끝을 자른 후에 빵 안쪽에 호무스 소스를 바르고 갖가지 야채를 넣은 뒤에 팔라펠 몇 알을 넣거나 슈바르마 덩어리에서 잘라낸 고기조각을 넣어 준다.

호무스와 피타빵

식사 초대와 식당 예약

당신을 점심식사에 초대하고 싶습니다.〈m〉

אֲנִי רוֹצֶה לְהַזְמִין אוֹתְךָ לַאֲרוּחַת צָהֳרַיִם.

아니 로쩨 레하즈민 오트카 라아루하트 쪼호라임.

무엇을 드시고 싶습니까?〈m〉

מָה אַתָּה רוֹצֶה לֶאֱכוֹל?

마 아타 로쩨 레에콜?

당신을 저녁식사에 초대하고 싶습니다.〈f〉

אֲנִי רוֹצָה לְהַזְמִין אוֹתָךְ לַאֲרוּחַת עֶרֶב.

아니 로짜 레하즈민 오타크 라아루하트 에레브.

어떤 음식을 좋아하십니까?〈f〉

אֵיזֶה אוֹכֶל אַתְּ אוֹהֶבֶת?

에이제 오켈 아트 오헤베트?

우리는 이스라엘 음식을 먹고 싶습니다.

אֲנַחְנוּ רוֹצִים לֶאֱכוֹל אוֹכֶל יִשְׂרְאֵלִי.

아나흐누 로찜 레에콜 오켈 이쓰르엘리.

좋은 식당을 추천해 주실 수 있습니까? <m>

אַתָּה יָכוֹל לְהַמְלִיץ עַל מִסְעָדָה טוֹבָה?

아타 야콜 레하믈리쯔 알 미쓰아다 토바?

한국 식당이 어디에 있습니까?

אֵיפֹה הַמִּסְעָדָה הַקּוֹרֵיאָנִית?

에이포 하미쓰아다 하코레아니트?

예루살렘 시내에 있습니다.

בְּמֶרְכַּז הָעִיר בִּירוּשָׁלַיִם.

베메르카즈 하이르 비루샬라임〔베예루샬라임〕.

4인 테이블을 예약하고자 합니다. <m>

אֲנִי רוֹצֶה לְהַזְמִין מָקוֹם לְאַרְבָּעָה אֲנָשִׁים.

아니 로쩨 레하즈민 마콤 레아르바아 아나쉼.

우리는 저녁 8시에 도착할 겁니다.

אֲנַחְנוּ נַגִּיעַ בִּשְׁמוֹנֶה בָּעֶרֶב.

아나흐누 나기아 비슈모네〔베슈모네〕 바에레브.

좌석을 예약했습니다.

הִזְמַנְתִּי מָקוֹם.

히즈만티 마콤.

메뉴판을 볼 수 있습니까?

אֶפְשָׁר לִרְאוֹת אֶת הַתַּפְרִיט?

엡샤르 리르오트 에트 하타프리트?

무엇을 주문하시겠습니까?〈m〉 / 〈f〉

מָה אַתָּה רוֹצֶה לְהַזְמִין? / מָה אַתְּ רוֹצָה לְהַזְמִין?

마 아타 로쩨 레하즈민? / 마 아트 로짜 레하즈민?

닭고기와 밥을 주세요.

עוֹף וְאוֹרֶז, בְּבַקָּשָׁה.

오프 베오레즈, 베바카샤.

생선과 감자 주세요.

דָּג וְתַפּוּחַ אֲדָמָה, בְּבַקָּשָׁה.

다그 베타푸아흐 아다마, 베바카샤.

무엇을 추천하십니까?〈m〉

מָה אַתָּה מַמְלִיץ?

마 아타 마믈리쯔?

같은 것을 원합니다.〈m〉

אֲנִי רוֹצֶה אוֹתוֹ דָּבָר.

아니 로쩨 오토 다바르.

당신들은 무슨 수프를 드시겠습니까?

אֵיזֶה מָרָק אַתֶּם רוֹצִים?

에이제 마락 아템 로찜?

닭고기 수프 부탁합니다.

מְרַק עוֹף, בְּבַקָּשָׁה.

메락 오프, 베바카샤.

야채수프 부탁합니다.

מְרַק יְרָקוֹת, בְּבַקָּשָׁה.

메락 예라코트, 베바카샤.

당신들은 무엇을 마시겠습니까?

מָה אַתֶּם רוֹצִים לִשְׁתּוֹת?

마 아템 로찜 리쉬토트?

적포도주 부탁합니다.

יַיִן אָדוֹם, בְּבַקָּשָׁה.

야인 아돔, 베바카샤.

백포도주 부탁합니다.

יַיִן לָבָן, בְּבַקָּשָׁה.

야인 라반, 베바카샤.

예루살렘 벤예후다 거리의 야외 식당과 기념품 가게

자몽 주스 부탁합니다.

מִיץ אֶשְׁכּוֹלִיּוֹת, בְּבַקָּשָׁה.

미쯔 에쉬콜리요트, 베바카샤.

배가 고픕니다.〈m〉 / 〈f〉

אֲנִי רְעֵבָה. / אֲנִי רָעֵב.

아니 라에브. / 아니 르에바.

목이 마릅니다.〈m〉 / 〈f〉

אֲנִי צְמֵאָה. / אֲנִי צָמֵא.

아니 짜메. / 아니 쯔메아.

맛있게 드세요!

בְּתֵיאָבוֹן!

베테아본!

건배!(인생을 위하여!)

לְחַיִּים!

레하임!

웨이터!〈m〉 / 〈f〉

מֶלְצָרִית! / מֶלְצַר!

멜짜르! / 멜짜리트!

물 좀 주세요.

מַיִם, בְּבַקָּשָׁה.

마임, 베바카샤.

호무스 좀 주세요.

חוּמוּס, בְּבַקָּשָׁה.

호무스, 베바카샤.

빵 좀 더 주실래요?

אֶפְשָׁר לְקַבֵּל עוֹד לֶחֶם?

엡샤르 레카벨 오드 레헴?

후식이 있습니까?

יֵשׁ קִינּוּחַ?

예쉬 키누아흐?

후식은 어떤 것들이 있습니까?

אֵיזֶה מָנוֹת אַחֲרוֹנוֹת יֵשׁ?

에이제 마노트 아하로노트 예쉬?

케이크와 과일이 있습니다.

יֵשׁ עוּגָה וּפֵירוֹת.

예쉬 우가 우페로트.

커피 있습니까?

?יֵשׁ קָפֶה

예쉬 카페?

차 주세요.

.תֵּה, בְּבַקָּשָׁה

테 베바카샤.

이거 정말 맛있습니다.

.זֶה טָעִים מְאוֹד

제 타임 메오드.

음식이 정말 맛있었습니다.

.הָאוֹכֶל הָיָה טָעִים מְאוֹד

하오켈 하야 타임 메오드.

많이 드세요!(드시고 건강하세요!)

!לִבְרִיאוּת

리브리우트!

배가 부릅니다.〈m〉 / 〈f〉

.אֲנִי שְׂבֵעָה / .אֲנִי שָׂבֵעַ

아니 싸베아. / 아니 쓰베아.

계 산

계산서 주십시오.

חֶשְׁבּוֹן, בְּבַקָּשָׁה.

헤쉬본, 베바카샤.

오늘은 제가 지불합니다.〈m〉 / 〈f〉

אֲנִי מְשַׁלֶּמֶת הַיּוֹם. / אֲנִי מְשַׁלֵּם הַיּוֹם.

아니 메샬렘 하욤. / 아니 메샬레메트 하욤.

제가 한턱내겠습니다.

זֶה עַל חֶשְׁבּוֹנִי.

제 알 헤쉬보니.

서비스료가 포함되어 있습니까?

זֶה כּוֹלֵל שֵׁירוּת?

제 콜렐 쉐루트?

영수증 주십시오.〈m〉 / 〈f〉

תְּנִי לִי קַבָּלָה, בְּבַקָּשָׁה. / תֵּן לִי קַבָּלָה, בְּבַקָּשָׁה.

텐 리 카발라, 베바카샤. / 트니 리 카발라, 베바카샤.

동사 목록

도착하다	נַגִּיעַ 나기아〈미1cp〉		
먹다	לֶאֱכוֹל 레에콜〈부〉		
받다	לְקַבֵּל 레카벨〈부〉		
보다	לִרְאוֹת 리르오트〈부〉		
원하다	רוֹצֶה 로쩨〈현ms〉	רוֹצָה 로짜〈현fs〉	רוֹצִים 로찜〈현mp〉
이다(be)	הָיָה 하야〈과3ms〉		
좋아하다	אוֹהֶבֶת 오헤베트〈현fs〉		
주다	תֵּן 텐〈명2ms〉	תְּנִי 트니〈명2fs〉	
지불하다	מְשַׁלֵּם 메샬렘〈현ms〉	מְשַׁלֶּמֶת 메샬레메트〈현fs〉	
초대하다	הִזְמַנְתִּי 히즈만티〈과1cs〉	לְהַזְמִין 레하즈민〈부〉	
추천하다	מַמְלִיץ 마믈리쯔〈현ms〉	לְהַמְלִיץ 레하믈리쯔〈부〉	
할 수 있다	יָכוֹל 야콜〈현ms〉	יְכוֹלָה 예콜라〈현fs〉	

쇼핑

안내 사항

❖ 주요 기념품

예루살렘 성 안과 벤예후다 거리 또는 베들레헴 근처의 아랍 가게 등에서 올리브 나무를 깎아 만든 장식품, 가죽 샌들, 중동식 도자기, 종교와 관련된 소품, 기념 티셔츠, 사해 비누와 머드팩 등을 살 수 있다. 100달러 이상의 면세품을 구입할 경우에는 영수증을 보관해 두었다가 공항에 있는 은행에서 물건과 영수증을 보인 후에 세금을 돌려받을 수 있다.

예루살렘 성 안의 벼룩시장

재래시장

예루살렘의 마하네 예후다, 텔아비브의 하카르멜 같은 재래시장(슉)에서 철마다 신선한 지중해성 과일과 채소 및 올리브와 오이 피클 등을 싸게 살 수 있다. 이스라엘 사람들은 주로 길쭉한 쌀을 먹지만, 시장에서 우리가 먹는 동그란 쌀도 구입할 수 있다.

예루살렘의 마하네 예후다 재래시장

시장과 슈퍼마켓

실례지만, 시장이 어디에 있습니까?

סְלִיחָה, אֵיפֹה הַשּׁוּק?

쓸리하, 에이포 하슉?

실례지만, 슈퍼마켓이 어디에 있습니까?

סְלִיחָה, אֵיפֹה הַסּוּפֶּרְמַרְקֶט?

쓸리하, 에이포 하쑤페르마르케트?

우유를 사려고 합니다.〈m〉

אֲנִי רוֹצֶה לִקְנוֹת חָלָב.

아니 로쩨 리크노트 할라브.

치즈를 원합니다.〈f〉

אֲנִי רוֹצָה גְּבִינָה.

아니 로짜 그비나.

쌀이 있습니까?

יֵשׁ לָכֶם אוֹרֶז?

예쉬 라켐 오레즈?

닭을 잘라 주세요.〈m〉

חֲתוֹךְ לִי אֶת הָעוֹף, בְּבַקָּשָׁה.

하토크 리 에트 하오프, 베바카샤.

무게를 달아 주세요.〈m〉

שְׁקוֹל לִי, בְּבַקָּשָׁה.

슈콜 리, 베바카샤.

토마토 1킬로그램 주세요.〈m〉

תֵּן לִי, בְּבַקָּשָׁה, קִילוֹ עַגְבָנִיוֹת.

텐 리, 베바카샤, 킬로 아그바니요트.

사과 2킬로그램 주세요.

שְׁנֵי קִילוֹ תַּפּוּחִים, בְּבַקָּשָׁה.

슈네이 킬로 타푸힘, 베바카샤.

더 원하시는 게 있습니까?

עוֹד מַשֶּׁהוּ?

오드 마쉐후?

계산대가 어디에 있습니까?

אֵיפֹה הַקּוּפָּה?

에이포 하쿠파?

봉지를 얻을 수 있습니까?

?אֶפְשָׁר לְקַבֵּל שַׂקִּית, בְּבַקָּשָׁה

엡샤르 레카벨 싸키트, 베바카샤?

얼마입니까?

?כַּמָּה זֶה עוֹלֶה

카마 제 올레?

옷 가게

이곳에 옷가게가 있습니까?

?יֵשׁ כָּאן חֲנוּת בְּגָדִים

예쉬 칸 하누트 브가딤?

쇼핑

저를 도와주실 수 있습니까?〈m〉 / 〈f〉

?אַתְּ יְכוֹלָה לַעֲזוֹר לִי / ?אַתָּה יָכוֹל לַעֲזוֹר לִי

아타 야콜 라아조르 리? / 아트 예콜라 라아조르 리?

티셔츠를 찾고 있습니다.〈m〉

.אֲנִי מְחַפֵּשׂ חוּלְצָה

아니 메하페쓰 훌짜.

다섯 살짜리 남자 아이의 바지를 찾고 있습니다.〈f〉

אֲנִי מְחַפֶּשֶׂת מִכְנָסַיִם לְיֶלֶד בֶּן חָמֵשׁ.

아니 메하페쎄트 미크나싸임 레옐레드 벤 하메쉬.

더 큰[작은] 게 있습니까?

יֵשׁ לָכֶם מַשֶּׁהוּ יוֹתֵר גָּדוֹל [קָטָן]?

예쉬 라켐 마쉐후 요테르 가돌〔카탄〕?

이건 너무 비쌉니다.

זֶה יָקָר מִדַּי.

제 야카르 미다이.

더 싼 게 있습니까?

יֵשׁ מַשֶּׁהוּ יוֹתֵר זוֹל?

예쉬 마쉐후 요테르 졸?

분홍색 원피스가 있습니까?

יֵשׁ לָכֶם שִׂמְלָה בְּצֶבַע וָרוֹד?

예쉬 라켐 씨믈라 베쩨바 바로드?

같은 걸로 파란색이 있습니까?

יֵשׁ לָכֶם אוֹתוֹ דָּבָר בְּצֶבַע כָּחוֹל?

예쉬 라켐 오토 다바르 베쩨바 카홀?

그냥 구경하고 있습니다.〈m〉 / 〈f〉

אֲנִי רַק מִסְתַּכֶּלֶת. / אֲנִי רַק מִסְתַּכֵּל.

아니 라크 미쓰타켈. / 아니 라크 미쓰타켈레트.

이게 제 마음에 듭니다.

זֶה מוֹצֵא חֵן בְּעֵינַי.

제 모쩨 헨 베에나이.

이건 제 마음에 들지 않습니다.

זֶה לֹא מוֹצֵא חֵן בְּעֵינַי.

제 로 모쩨 헨 베에나이.

이 코트를 입어 봐도 됩니까?

אֶפְשָׁר לִמְדּוֹד אֶת הַמְּעִיל?

엡샤르 림도드 에트 하메일?

탈의실이 어디에 있습니까?

אֵיפֹה חֲדַר הַהַלְבָּשָׁה?

에이포 하다르 하할바샤?

여기에 거울이 있습니까?

יֵשׁ כָּאן מַרְאָה?

예쉬 칸 마르아?

이걸 사고 싶습니다.〈m〉

אֲנִי רוֹצֶה לִקְנוֹת אֶת זֶה.

아니 로쩨 리크노트 에트 제.

그걸 사고 싶습니다.〈f〉

אֲנִי רוֹצָה לִקְנוֹת אוֹתוֹ.

아니 로짜 리크노트 오토.

이건 선물 줄 겁니다.

זֶה לְמַתָּנָה.

제 레마타나.

교환해도 됩니까?

אֶפְשָׁר לְהַחְלִיף?

엡샤르 레하흘리프?

영수증을 받을 수 있습니까?

אֶפְשָׁר לְקַבֵּל קַבָּלָה?

엡샤르 레카벨 카발라?

잘 입으세요!〈m〉 / 〈f〉

תִּתְחַדְּשִׁי! / תִּתְחַדֵּשׁ!

티트하데쉬! / 티트하드쉬!

바겐세일.

.מִבְצָע

미브짜.

신발 가게

이곳에 신발 가게가 있습니까?

?יֵשׁ כָּאן חֲנוּת נַעֲלַיִם

예쉬 칸 하누트 나알라임?

무엇을 도와드릴까요?〈m〉 / 〈f〉

?בְּמָה אֶפְשָׁר לַעֲזוֹר לְךָ? / בְּמָה אֶפְשָׁר לַעֲזוֹר לָךְ

베마 엡샤르 라아조르 레카? / 베마 엡샤르 라아조르 라크?

신발을 찾고 있습니다.〈m〉

.אֲנִי מְחַפֵּשׂ נַעֲלַיִם

아니 메하페쓰 나알라임.

샌들을 찾고 있습니다.〈f〉

.אֲנִי מְחַפֶּשֶׂת סַנְדָּלִים

아니 메하페쎄트 싼달림.

쇼핑

이게 제게 맞습니다.

זֶה מַתְאִים לִי.

제 마트임 리.

이건 제게 맞지 않습니다.

זֶה לֹא מַתְאִים לִי.

제 로 마트임 리.

더 큰[작은] 사이즈가 있습니까?

יֵשׁ מִידָּה יוֹתֵר גְּדוֹלָה [קְטַנָּה]?

예쉬 미다 요테르 그돌라(크타나)?

물론입니다!

בֶּטַח!

베타흐!

할인됩니까?

יֵשׁ הֲנָחָה?

예쉬 하나카?

잘 신으세요!〈m〉 / 〈f〉

תִּתְחַדְּשִׁי! / תִּתְחַדֵּשׁ!

티트하데쉬! / 티트하드쉬!

동사 목록

교환하다	לְהַחְלִיף 레하흘리프〈부〉	
구경하다 쳐다보다	מִסְתַּכֵּל 미쓰타켈〈현ms〉	מִסְתַּכֶּלֶת 미쓰타켈레트〈현fs〉
도와주다	לַעֲזוֹר 라아조르〈부〉	
무게를 재다	שְׁקוֹל 슈콜〈명2ms〉	
받다	לְקַבֵּל 레카벨〈부〉	
발견하다	מוֹצֵא 모쩨〈현ms〉	
사다	לִקְנוֹת 리크노트〈부〉	
새로워지다 (잘 입다, 잘 신다)	תִּתְחַדֵּשׁ 티트하데쉬〈미2ms〉	תִּתְחַדְּשִׁי 티트하드쉬〈미2fs〉
원하다	רוֹצֶה 로쩨〈현ms〉	רוֹצָה 로짜〈현fs〉
자르다	חֲתוֹךְ 하토크〈명2ms〉	
재보다 (입어보다, 신어보다)	לִמְדּוֹד 림도드〈부〉	
주다	תֵּן 텐〈명2ms〉	
찾다	מְחַפֵּשׂ 메하페쓰〈현ms〉	מְחַפֶּשֶׂת 메하페쎄트〈현fs〉
할 수 있다	יָכוֹל 야콜〈현ms〉	יְכוֹלָה 예콜라〈현fs〉

전 화

안내 사항

전화 걸고 받기

동사 목록

안내 사항

❖ 전화카드 구입하기

우체국이나 공중전화기 근처에 있는 자동판매기에서 전화카드(텔레카르트)를 구입할 수 있다.

❖ 국제전화

이스라엘에서 한국으로 전화할 때 다음 번호를 차례대로 누른다(호텔에서 걸 때는 먼저 9번을 누른다).

(9) 012, 013, 014 중 하나 선택 – 82 – 0을 뺀 지역번호 – 집번호

한국에서 이스라엘로 전화할 때 필요한 이스라엘의 국제전화 코드는 972이다.

❖ 수신자 부담 전화(콜렉트 콜)

이스라엘에서 한국으로 수신자 부담 전화를 걸 때 각 통신사별로 아래와 같은 접속번호를 누른다(호텔에서 걸 때는 먼저 9번을 누른다).

연결이 되면 자동 음성 응답기가 나오며, 응답기가 지시하는 대로 따르면 된다.

한국통신 이용시 : (9) 180-9494-820
데이콤 이용시 : (9) 180-9494-822
SK텔레콤 이용시 : (9) 180-921-3878

◀ 전화카드 ▼

❖ 전화번호 문의하기

이스라엘 전화국(베젝)의 전화번호 문의 번호는 144이다. 영어나 히브리어로 원하는 전화번호를 물어본다.

이스라엘 전화국 베젝 마크

❖ 무료 와이파이

텔아비브는 도시 전체에서 무료 와이파이를 사용할 수 있는 한편, 예루살렘이나 다른 지역에서는 대체로 식당이나 카페 내에서 이용 가능하다.

전화 걸고 받기

실례지만, 공중전화가 어디에 있습니까?

סְלִיחָה, אֵיפֹה יֵשׁ טֶלֶפוֹן צִבּוּרִי?

쓸리하, 에이포 예쉬 텔레폰 찌부리?

전화카드는 얼마입니까?

כַּמָּה עוֹלֶה טֶלֶכַּרְט?

카마 올레 텔레카르트?

여기 전화번호부가 있습니까?

יֵשׁ כָּאן סֵפֶר טֶלֶפוֹנִים?

예쉬 칸 쎄페르 텔레포님?

텔아비브 지역번호가 무엇입니까?

מַה הַקִּידוֹמֶת לְתֵל־אָבִיב?

마 하키도메트 레텔아비브?

당신의 전화번호가 무엇입니까?〈m〉 / 〈f〉

מַה מִסְפַּר הַטֶּלֶפוֹן שֶׁלְּךָ? / מַה מִסְפַּר הַטֶּלֶפוֹן שֶׁלָּךְ?

마 미쓰파르 하텔레폰 쉘카? / 마 미쓰파르 하텔레폰 쉘라크?

저녁에 제게 전화주세요.〈m〉

תִּתְקַשֵּׁר אֵלַיי בָּעֶרֶב.

티트카쉐르 엘라이 바에레브.

내일 당신에게〈m〉 전화할게요.

אֶתְקַשֵּׁר אֵלֶיךָ מָחָר.

에트카쉐르 엘레카 마하르.

안녕하세요, 지호입니다.〈m〉

שָׁלוֹם, מְדַבֵּר זִי־הוֹ.

샬롬, 메다베르 지호.

라헬과 통화할 수 있습니까?

אֶפְשָׁר לְדַבֵּר עִם רָחֵל?

엡샤르 레다베르 임 라헬?

접니다.〈 f 〉

מְדַבֶּרֶת.

메다베레트.

여보세요, 미라입니다.〈 f 〉

הָלוֹ, מְדַבֶּרֶת מִירָה.

할로, 메다베레트 미라.

일란과 통화할 수 있습니까?

אֶפְשָׁר לְדַבֵּר עִם אִילָן?

엡샤르 레다베르 임 일란?

그는 여기 없습니다.

הוּא לֹא נִמְצָא פֹּה.

후 로 님짜 포.

메시지를 남겨도 됩니까?

אֶפְשָׁר לְהַשְׁאִיר הוֹדָעָה?

엡샤르 레하쉬이르 호다아?

누구십니까?

מִי מְדַבֵּר?

미 메다베르?

이쯔학입니다.〈m〉

מְדַבֵּר יִצְחָק.

메다베르 이쯔학.

리브가 집에 있습니까?

רִבְקָה בַּבַּיִת?

리브카 바바이트?

기다리세요.〈m〉 / 〈f〉

תַּמְתִּינִי, בְּבַקָּשָׁה. / תַּמְתִּין, בְּבַקָּשָׁה.

탐틴, 베바카샤. / 탐티니, 베바카샤.

잠깐만요.

רַק רֶגַע.

라크 레가.

당신에게 전화 왔습니다.〈m〉 / 〈f〉

יֵשׁ לָךְ שִׂיחַת טֶלֶפוֹן. / יֵשׁ לְךָ שִׂיחַת טֶלֶפוֹן.

예쉬 레카 씨하트 텔레폰. / 예쉬 라크 씨하트 텔레폰.

응답이 없습니다.

אֵין תְּשׁוּבָה.

에인 츄바.

통화 중입니다.

הַקַּו תָּפוּס.

하카브 타푸쓰.

잘못된 번호입니다.

יֵשׁ טָעוּת בַּמִּסְפָּר.

예쉬 타우트 바미쓰파르.

당신의 전화를 써도 됩니까?〈m〉

אֶפְשָׁר לְהִשְׁתַּמֵּשׁ בַּטֶּלֶפוֹן שֶׁלְּךָ?

엡샤르 레히쉬타메쉬 바텔레폰 쉘카?

안녕하세요, 144 전화번호 안내국입니다.

שָׁלוֹם, מוֹדִיעִין אַחַת אַרְבַּע אַרְבַּע.

샬롬, 모디인 아하트 아르바 아르바.

안녕하세요, 하얏트 호텔 번호 부탁합니다.

שָׁלוֹם, אֶת מִסְפַּר הַטֶּלֶפוֹן שֶׁל מָלוֹן הַיָּיט, בְּבַקָּשָׁה.

샬롬, 에트 미쓰파르 하텔레폰 쉘 말론 하야트, 베바카샤.

동사 목록

기다리다	תַּמְתִּין 탐틴〈미2ms〉	תַּמְתִּינִי 탐티니〈미2fs〉	
남기다	לְהַשְׁאִיר 레하쉬이르〈부〉		
말하다	מְדַבֵּר 메다베르〈현ms〉	מְדַבֶּרֶת 메다베레트〈현fs〉	לְדַבֵּר 레다베르〈부〉
사용하다	לְהִשְׁתַּמֵּשׁ 레히쉬타메쉬〈부〉		
위치하다 있다	נִמְצָא 님짜〈현ms〉		
전화하다	אֶתְקַשֵּׁר 에트카쉐르〈미1cs〉	תִּתְקַשֵּׁר 티트카쉐르〈미2ms〉	

우체국

안내 사항

❖ 우체국 이용 시간

일요일~목요일 : 8:00~12:00 a.m., 3:30~6:00 p.m.
수요일 : 8:00 a.m.~1:30 p.m.
금요일과 휴일 전날 : 8:00~12:00 a.m.
토요일과 휴일 당일 : 휴무

❖ 우편사서함(P.O.Box) 사용

집에서 우편물을 받을 수 있지만, 우체국에 사용료를 지불하고 우편사서함을 이용할 수도 있다.

이스라엘 우체국 마크

❖ 공과금 납입

전화, 전기, 인터넷 사용 요금 등을 우체국에서 내면 수수료가 들지 않는다. 은행에서 낼 수도 있으나 수수료가 든다.

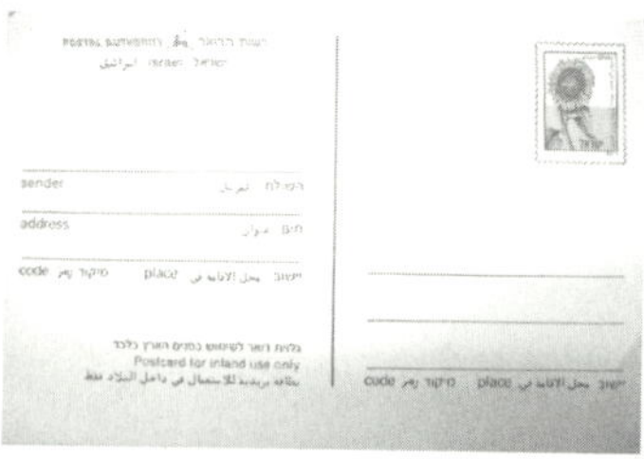

이스라엘 우편엽서

우체국 이용하기

실례지만, 가까운 우체국이 어디에 있습니까?

סְלִיחָה, אֵיפֹה הַדּוֹאַר הַקָּרוֹב?

쏠리하, 에이포 하도아르 하카로브?

언제 우체국을 엽니까?

מָתַי פּוֹתְחִים אֶת הַדּוֹאַר?

마타이 포트힘 에트 하도아르?

언제 우체국을 닫습니까?

מָתַי סוֹגְרִים אֶת הַדּוֹאַר?

마타이 쏘그림 에트 하도아르?

한국에 편지를 보내려고 합니다.〈m〉

אֲנִי רוֹצֶה לִשְׁלוֹחַ מִכְתָּב לְקוֹרֵיאָה.

아니 로쩨 리쉴로아흐 믹타브 레코레아.

엽서를 보내려고 합니다.〈f〉

אֲנִי רוֹצָה לִשְׁלוֹחַ גְּלוּיָה.

아니 로짜 리쉴로아흐 글루야.

우
체
국

미국에 소포를 보내려고 합니다.⟨m⟩

אֲנִי רוֹצֶה לִשְׁלוֹחַ חֲבִילָה לְאַרְצוֹת הַבְּרִית.

아니 로쩨 리쉴로아흐 하빌라 레아르쪼트 하브리트.

소포의 내용물이 무엇입니까?

מַה יֵשׁ בַּחֲבִילָה?

마 예쉬 바하빌라?

1세켈짜리 우표 주세요.⟨m⟩

תֵּן לִי בּוּל שֶׁל שֶׁקֶל, בְּבַקָּשָׁה.

텐 리 불 쉘 쉐켈, 베바카샤.

봉투 주세요.⟨f⟩

תְּנִי לִי מַעֲטָפָה, בְּבַקָּשָׁה.

트니 리 마아타파, 베바카샤.

어디로 보내세요?⟨m⟩

לְאָן אַתָּה שׁוֹלֵחַ?

레안 아타 숄레아흐?

한국으로요.

לְקוֹרֵיאָה.

레코레아.

어떻게 보내실 겁니까?〈f〉

אֵיךְ אַתְּ שׁוֹלַחַת?

에이크 아트 숄라하트?

항공편으로요.

בְּדוֹאַר אֲוִויר.

베도아르 아비르.

선편으로요.

בְּדוֹאַר יַמִּי.

베도아르 야미.

등기로요.

בְּדוֹאַר רָשׁוּם.

베도아르 라숨.

우체국

여기서 한국까지 얼마나 걸립니까?

כַּמָּה זְמַן זֶה לוֹקֵחַ מִפֹּה לְקוֹרֵיאָה?

카마 즈만 제 로케아흐 미포 레코레아?

공과금을 납입하려고 합니다.〈f〉

אֲנִי רוֹצָה לְשַׁלֵּם חֶשְׁבּוֹנוֹת.

아니 로짜 레샬렘 헤쉬보노트.

전화카드를 살 수 있습니까?

?אֶפְשָׁר לִקְנוֹת טֶלֶכַּרְט, בְּבַקָּשָׁה

엡샤르 리크노트 텔레카르트, 베바카샤?

우편사서함을 신청할 수 있습니까?

?אֶפְשָׁר לְהַזְמִין תָּא דוֹאַר

엡샤르 레하즈민 타 도아르?

동사 목록

(시간이) 걸리다	לוֹקֵחַ 로케아흐〈현ms〉		
닫다	סוֹגְרִים 쏘그림〈현mp〉		
보내다	שׁוֹלֵחַ 숄레아흐〈현ms〉	שׁוֹלַחַת 숄라하트〈현fs〉	לִשְׁלוֹחַ 리쉴로아흐〈부〉
사다	לִקְנוֹת 리크노트〈부〉		
열다	פּוֹתְחִים 포트힘〈현mp〉		
원하다	רוֹצֶה 로쩨〈현ms〉	רוֹצָה 로짜〈현fs〉	
주다	תֵּן 텐〈명2ms〉	תְּנִי 트니〈명2fs〉	
주문하다	לְהַזְמִין 레하즈민〈부〉		
지불하다	לְשַׁלֵּם 레샬렘〈부〉		

은 행

안내 사항

❖ 은행 이용

이스라엘에는 하포알림, 디스카운트, 미즈라히 은행 등이 있으며, 각 은행과 지점에 따라 이용 시간이 조금씩 다르다. 보통 오후 2시까지 여는 요일과 오후 6시까지 여는 요일이 있고, 오후 6시까지 여는 요일에는 점심시간 동안 문을 닫는다.

관광객도 여권을 지참하면 은행 계좌를 만들 수 있다. 우체국과 마찬가지로 은행에서도 공과금을 낼 수 있으나 수수료가 붙는다.

❖ 이스라엘 수표

'핀카쓰 체킴'(체크 수첩)이라고 불리는 긴 수첩처럼 생긴 이스라엘식 수표가 있다. 이 수표에는 액수가 적혀 있지 않고 사용할 때마다 필요한 액수와 수표를 받는 사람이나 가게 등의 이름을 적어서 한 장씩 떼어 준다. 수표를 받은 사람은 그것을 자신의 은행 계좌에 입금한 후에 찾아 쓸 수 있다.

요즘은 신용카드를 많이 사용하기 때문에 체크 수첩의 사용이 줄었다.

은행 이용하기

언제 은행이 문을 엽니까?

מָתַי הַבַּנְק נִפְתָּח?

마타이 하방크 니프타흐?

언제 은행이 문을 닫습니까?

מָתַי הַבַּנְק נִסְגָּר?

마타이 하방크 니쓰가르?

현금 인출기가 어디에 있습니까?

אֵיפֹה יֵשׁ כַּסְפּוֹמָט?

에이포 예쉬 카쓰포마트?

디스카운트 은행 현금 인출기 (히브리 대학교 구내 소재)

은행 계좌를 개설하고 싶습니다.〈m〉

אֲנִי רוֹצֶה לִפְתּוֹחַ חֶשְׁבּוֹן בַּבַּנְק.

아니 로쩨 리프토아흐 헤쉬본 바방크.

제 계좌의 잔액이 얼마인지 알 수 있을까요?

אֶפְשָׁר לָדַעַת מָה הַיִּתְרָה בַּחֶשְׁבּוֹן שֶׁלִּי?

엡샤르 라다아트 마 하이트라 바헤쉬본 쉘리?

제게 돈이 들어왔는지 확인하고자 합니다.〈f〉

אֲנִי רוֹצָה לִבְדּוֹק אִם הִגִּיעַ לִי כֶּסֶף.

아니 로짜 리브독 임 히기아 리 케쎄프.

수수료를 얼마 지불해야 합니까?

כַּמָּה עֲמָלָה מְשַׁלְּמִים?

카마 아말라 메샬밈?

수표를 입금하려고 합니다.〈m〉

אֲנִי רוֹצֶה לְהַפְקִיד צֶ'ק.

아니 로쩨 레하프키드 첵.

돈을 출금하려고 합니다.〈f〉

אֲנִי רוֹצָה לִמְשׁוֹךְ כֶּסֶף.

아니 로짜 림쇼크 케쎄프.

체크 수첩을 신청하려고 합니다.〈m〉

אֲנִי רוֹצֶה לְהַזְמִין פִּנְקַס צֶ'קִים.

아니 로쩨 레하즈민 핀카쓰 체킴.

신용카드를 신청하려고 합니다.〈f〉

אֲנִי רוֹצָה לְהַזְמִין כַּרְטִיס אַשְׁרַאי.

아니 로짜 레하즈민 카르티쓰 아쉬라이.

돈을 송금하려고 합니다.〈m〉

אֲנִי רוֹצֶה לְהַעֲבִיר כֶּסֶף.

아니 로쩨 레하아비르 케쎄프.

오늘 달러 환율이 얼마입니까?

מַהוּ שַׁעַר הַחֲלִיפִין לַדּוֹלָר הַיּוֹם?

마후 샤아르 하할리핀 라돌라르 하욤?

여기 사인해 주십시오.

לַחְתּוֹם כָּאן, בְּבַקָּשָׁה.

라흐톰 칸, 베바카샤.

사인 부탁합니다.

חֲתִימָה, בְּבַקָּשָׁה.

하티마, 베바카샤.

동사 목록

닫히다	נִסְגָּר 니쓰가르〈현ms〉
도착하다	הִגִּיעַ 히기아〈과3ms〉
사인하다	לַחְתּוֹם 라흐톰〈부〉
알다	לָדַעַת 라다아트〈부〉
열다	לִפְתּוֹחַ 리프토아흐〈부〉
열리다	נִפְתָּח 니프타흐〈현ms〉
옮기다	לְהַעֲבִיר 레하아비르〈부〉
원하다	רוֹצֶה 로쩨〈현ms〉 רוֹצָה 로짜〈현fs〉
입금하다	לְהַפְקִיד 레하프키드〈부〉
주문하다	לְהַזְמִין 레하즈민〈부〉
지불하다	מְשַׁלְמִים 메샬밈〈현mp〉
출금하다 당기다	לִמְשׁוֹךְ 림쇼크〈부〉
확인하다	לִבְדּוֹק 리브독〈부〉

아파트 렌트

안내 사항

❖ 아파트 중개소 이용

이스라엘에서 아파트 렌트는 월세로만 가능하다. 한 달치 수수료를 중개소에 지불하면 한 달 동안 아파트 월세 정보를 얻을 수 있다.

❖ 아파트 계약

계약서(호제) 작성은 변호사를 통해서 하거나, 집 주인과 세입자 둘이서 할 수 있다. 계약서를 쓸 때 보통 3개월 월세를 선불로 지불한다.

❖ 세금과 관리비

세입자가 시세(아르노나)를 시청에 지불해야 한다. 시세는 수도세에 포함되어 나오기도 하고 별도의 청구서로 나오기도 한다. 아파트 관리비는 아파트 관리 위원(바아드 하바이트)에게 지불한다. 중앙난방일 경우에는 관리비에 난방비가 포함된다.

예루살렘의 아파트 단지

아파트 렌트

중개소가 어디에 있습니까?

?אֵיפֹה יֵשׁ מְשָׂרַד תִּווּךְ

에이포 예쉬 미쓰라드 티부크?

아파트를 렌트하고 싶습니다.〈m〉

.אֲנִי רוֹצֶה לִשְׂכּוֹר דִּירָה

아니 로쩨 리쓰코르 디라.

방을 렌트하고 싶습니다.〈f〉

.אֲנִי רוֹצָה לִשְׂכּוֹר חֶדֶר

아니 로짜 리쓰코르 헤데르.

시내에 있는 아파트를 찾고 있습니다.〈m〉

.אֲנִי מְחַפֵּשׂ דִּירָה בְּמֶרְכַּז הָעִיר

아니 메하페쓰 디라 베메르카즈 하이르.

대학교 근처에 있는 아파트를 찾고 있습니다.〈f〉

.אֲנִי מְחַפֶּשֶׂת דִּירָה לְיַד הָאוּנִיבֶרְסִיטָה

아니 메하페쎄트 디라 레야드 하우니베르씨타.

제게 남자 룸메이트[여자 룸메이트]가 있습니다.

יֵשׁ לִי שׁוּתָף [שׁוּתָפָה].

예쉬 리 슈타프(슈타파).

광고를 읽었습니다.

קָרָאתִי אֶת הַמּוֹדָעָה.

카라티 에트 하모다아.

그것은 가구가 딸린 아파트입니까?

זֹאת דִּירָה מְרוֹהֶטֶת?

조트 디라 메로헤테트?

그것은 가구가 딸린 방입니까?

זֶה חֶדֶר מְרוֹהָט?

제 헤데르 메로하트?

아파트에 베란다가 있습니까?

יֵשׁ בַּדִּירָה מִרְפֶּסֶת?

예쉬 바디라 미르페쎄트?

정원이 있습니까?

יֵשׁ גִּינָּה?

예쉬 기나?

욕조가 딸린 욕실이 있습니까?

יֵשׁ אַמְבַּטְיָה?

예쉬 암바트야?

아파트에 침실이 몇 개 있습니까?

כַּמָּה חַדְרֵי שֵׁינָה יֵשׁ בַּדִּירָה?

카마 하드레 쉐나 예쉬 바디라?

화장실은 몇 개입니까?

כַּמָּה שֵׁירוּתִים יֵשׁ?

카마 쉐루팀 예쉬?

아파트가 몇 층에 있습니까?

בְּאֵיזוֹ קוֹמָה הַדִּירָה?

베에이조 코마 하디라?

엘리베이터가 있습니까?

יֵשׁ מַעֲלִית?

예쉬 마알리트?

아파트 렌트비가 얼마입니까?

מַהוּ שְׂכַר הַדִּירָה?

마후 쓰카르 하디라?

아파트를 볼 수 있습니까?

אֶפְשָׁר לִרְאוֹת אֶת הַדִּירָה?

엡샤르 리르오트 에트 하디라?

이 아파트를 1년간 렌트하고 싶습니다.〈m〉

אֲנִי רוֹצֶה לִשְׂכּוֹר אֶת הַדִּירָה לְשָׁנָה.

아니 로쩨 리쓰코르 에트 하디라 레샤나.

이 방을 6개월간 렌트하고 싶습니다.〈f〉

אֲנִי רוֹצָה לִשְׂכּוֹר אֶת הַחֶדֶר לְשִׁשָּׁה חוֹדָשִׁים.

아니 로짜 리쓰코르 에트 하헤데르 레쉬샤 호다쉼.

동사 목록

렌트하다	לִשְׂכּוֹר 리쓰코르〈부〉	
보다	לִרְאוֹת 리르오트〈부〉	
원하다	רוֹצֶה 로쩨〈현2ms〉	רוֹצָה 로짜〈현2fs〉
위치하다	נִמְצָא 님짜〈현2ms〉	
읽다	קָרָאתִי 카라티〈과1cs〉	
찾다	מְחַפֵּשׂ 메하페쓰〈현2ms〉	מְחַפֶּשֶׂת 메하페쎄트〈현2fs〉

키부츠

안내 사항

❖ 키부츠의 시작과 변화

키부츠는 20세기 초에 시작된 이스라엘의 집단농장이다. 현재 인구의 약 1.7퍼센트가 약 260개의 키부츠에 살고 있다. 키부츠의 규모는 약 50여 명의 멤버를 가진 작은 키부츠에서 1,000명 이상의 멤버를 가진 큰 키부츠에 이르기까지 다양하다.

키부츠는 주로 이스라엘의 농업 경제에 핵심적인 역할을 해왔지만, 오늘날 변화하는 사회 형태에 따라 공업과 관광업 분야에도 활발하게 종사하고 있다.

❖ 키부츠와 모샤브의 차이

키부츠는 멤버들의 결정에 의해 운영되는 독립적인 공동체이며, 재산의 공동 소유와 소득의 공동 분배 원칙을 기초로 하고 있다. 반면에, 같은 시기에 시작된 모샤브는 개별 농가 단위의 농장으로, 공동 구매나 판매 등 특정한 분야에서만 서로 협력한다. 현재 인구의 약 3.4퍼센트가 약 450개의 모샤브에서 생활하고 있으며, 이스라엘 농업 생산에 주된 역할을 담당하고 있다.

❖ 키부츠 구하기

키부츠의 특이한 공동체 생활을 경험하기 위해서 세계

각국의 젊은이들이 키부츠를 찾고 있다. 키부츠 볼런티어가 되려면 만 18~35세이어야 하며, 최소 2개월 이상 일해야 하고 최대 6개월까지 일할 수 있다. 한 주에 6일간 매일 6~8시간 일을 한다. 키부츠 내에 있는 히브리어 언어 학교(울판)는 일주일 중 3일 동안 공부하고 3일 동안 일하는 5개월 과정으로, 해외에서 온 유대인들을 위해 Jewish Agency의 지원으로 운영된다. 간혹 자리가 나면 외국인도 들어갈 수 있으나 일정한 수업료를 지불해야 한다. 요즘은 두 달 동안 일하지 않고 기초 히브리어 회화만 공부하는 울판을 운영하는 키부츠들도 있다. 자세한 정보는 인터넷에 소개된 관련 자료들과 텔아비브에 있는 키부츠 프로그램 센터(www.kibbutzprogramcenter.org)를 통해 알 수 있다.

❖ 키부츠 생활

키부츠에 볼런티어나 울판 학생이 되면 키부츠에 따라 2~4명씩 함께 쓰는 방과 생필품, 작업복과 신발 및 이불 등을 제공받는다. 작업복과 이불에 자신의 고유 번호를 기록하여 공동 세탁소를 이용한다. 볼런티어에게는 매달 3일 정도의 휴가가 주어지고, 울판 학생들은 가끔 단체 여행을 하기도 한다. 매달 일한 대가로 소액의 돈이 지급되는데, 키부츠마다 사정이 좀 다르긴 하지만, 요즘은 대체로 그 돈으로 식비를 내도록 되어 있다. 볼런티어와 울판 학생은 키부츠의 시설들을 이용할 수 있고, 키부츠에서 행하는 여러 행사들에 참여하면서 이스라엘의 문화도 배울 수 있다.

키부츠 구하기

키부츠를 찾고 있습니다.〈m〉

אֲנִי מְחַפֵּשׂ קִיבּוּץ.

아니 메하페쓰 키부쯔.

키부츠 울판을 찾고 있습니다.〈f〉

אֲנִי מְחַפֶּשֶׂת אוּלְפָּן בְּקִיבּוּץ.

아니 메하페세트 울판 베키부쯔.

키부츠에서 일하고 싶습니다.〈m〉 / 〈f〉

אֲנִי רוֹצָה לַעֲבוֹד בְּקִיבּוּץ. / אֲנִי רוֹצֶה לַעֲבוֹד בְּקִיבּוּץ.

아니 로쩨 라아보드 베키부쯔. / 아니 로짜 라아보드 베키부쯔.

텔아비브 근처에 있는 키부츠를 찾아 주실 수 있습니까?〈m〉

אַתָּה יָכוֹל לִמְצוֹא לִי קִיבּוּץ לְיַד תֵּל־אָבִיב?

아타 야콜 림쪼 리 키부쯔 레야드 텔아비브?

제 이름은 김지호입니다.

שְׁמִי זִי־הוֹ קִים.

슈미 지호 킴.

키
부
츠

제 이름은 박미라입니다.

קוֹרְאִים לִי מִי־רָה פָּארק.

코르임 리 미라 팍.

저는 한국에서 왔습니다.

אֲנִי מִקּוֹרֵיאָה.

아니 미코레아.

저는 스무 살입니다.⟨m⟩

אֲנִי בֶּן עֶשְׂרִים.

아니 벤 에쓰림.

저는 스물다섯 살입니다.⟨f⟩

אֲנִי בַּת עֶשְׂרִים וְחָמֵשׁ.

아니 바트 에쓰림 베하메쉬.

저는 이스라엘에 석 달 동안 머물 겁니다.⟨m⟩

אֲנִי נִשְׁאָר בְּיִשְׂרָאֵל שְׁלוֹשָׁה חוֹדָשִׁים.

아니 니쉬아르 베이쓰라엘 슐로샤 호다쉼.

저는 이곳에 6개월간 머물 겁니다.⟨f⟩

אֲנִי נִשְׁאֶרֶת פֹּה שִׁישָּׁה חוֹדָשִׁים.

아니 니쉬에레트 포 쉬샤 호다쉼.

저는 볼런티어입니다.〈m〉 / 〈f〉

.אֲנִי מִתְנַדֶּבֶת / .אֲנִי מִתְנַדֵּב

아니 미트나데브. / 아니 미트나데베트.

어디에서 일하십니까?〈m〉 / 〈f〉

?אֵיפֹה אַתְּ עוֹבֶדֶת / ?אֵיפֹה אַתָּה עוֹבֵד

에이포 아타 오베드? / 에이포 아트 오베데트?

공장에서 일합니다.〈m〉

.אֲנִי עוֹבֵד בַּמִּפְעָל

아니 오베드 바미프알.

동물 농장에서 일합니다.〈f〉

.אֲנִי עוֹבֶדֶת בְּפִינַּת הַחַי

아니 오베데트 베피나트 하하이.

키부츠 생활

저는 울판 학생입니다.〈m〉 / 〈f〉

אֲנִי אוּלְפָּנִיסְטִית. / אֲנִי אוּלְפָּנִיסְט.

아니 울파니스트. / 아니 울파니스티트.

저는 히브리어를 배우고 있습니다.〈m〉 / 〈f〉

אֲנִי לוֹמֶדֶת עִבְרִית. / אֲנִי לוֹמֵד עִבְרִית.

아니 로메드 이브리트. / 아니 로메데트 이브리트.

이 사람은 제 룸메이트입니다.〈m〉 / 〈f〉

זֹאת שׁוּתָּפָה לַחֶדֶר שֶׁלִּי. / זֶה שׁוּתָּף לַחֶדֶר שֶׁלִּי.

제 슈타프 라헤데르 쉘리. / 조트 슈타파 라헤데르 쉘리.

외투를 받을 수 있습니까?

אֶפְשָׁר לְקַבֵּל מְעִיל?

엡샤르 레카벨 메일?

담요를 받을 수 있습니까?

אֶפְשָׁר לְקַבֵּל שְׂמִיכָה?

엡샤르 레카벨 쓰미카?

세탁소는 어디에 있습니까?

אֵיפֹה הַמִּכְבָּסָה?

에이포 하미크바싸?

우체국은 어디에 있습니까?

אֵיפֹה הַדּוֹאַר?

에이포 하도아르?

내일 휴가를 얻을 수 있습니까?

אֶפְשָׁר לְקַבֵּל יוֹם חוֹפֶשׁ מָחָר?

엡샤르 레카벨 욤 호페쉬 마하르?

동사 목록

머물다	נִשְׁאָר 니쉬아르〈현2ms〉	נִשְׁאֶרֶת 니쉬에레트〈현2fs〉	
받다	לְקַבֵּל 레카벨〈부〉		
발견하다	לִמְצוֹא 림쪼〈부〉		
배우다	לוֹמֵד 로메드〈현2ms〉	לוֹמֶדֶת 로메데트〈현2fs〉	
원하다	רוֹצֶה 로쩨〈현2ms〉	רוֹצָה 로짜〈현2fs〉	
일하다	עוֹבֵד 오베드〈현2ms〉	עוֹבֶדֶת 오베데트〈현2fs〉	לַעֲבוֹד 라아보드〈부〉
찾다	מְחַפֵּשׂ 메하페쓰〈현2ms〉	מְחַפֶּשֶׂת 메하페쎄트〈현2fs〉	
할 수 있다	יָכוֹל 야콜〈현2ms〉	יְכוֹלָה 예콜라〈현2fs〉	

여가 시간

안내 사항

스포츠

영화와 연극

동사 목록

안내 사항

❖ 이스라엘인들의 스포츠

이스라엘 사람들도 한국 사람들만큼이나 축구 경기를 좋아하며, 농구 경기도 꽤 인기가 높다.

또한 햇빛이 풍부하고 좋은 해변과 많은 수영장 시설이 갖추어져 있어, 수영은 이스라엘에서 가장 대중적인 개인 스포츠이다. 이스라엘 여행 중에 수영을 할 때는 수영이 금지된 곳이 아닌지 먼저 확인해야 한다. 특히 일반 바닷물보다 약 10배가 짠 사해에서 수영할 때는 물이 눈이나 입에 들어가지 않도록 주의해야 한다.

❖ 시네마테크

일반 영화관들 외에도 예루살렘 힌놈 골짜기에 위치한 시네마테크에서 지나간 영화를 저렴하게 볼 수 있고, 그곳에서 매년 영화 축제가 열린다.

❖ 이스라엘 극단

하비마 국립극단, 텔아비브 카메리 시립극단, 하이파 시립극단과 같은 대표적인 극단들이 있다. 예루살렘에는 옛 터키 시대의 여관 건물을 개조한 곳에서 칸 극단이 활동 중이다.

스포츠

어떤 스포츠를 좋아합니까?〈m〉 / 〈f〉

אֵיזֶה סְפּוֹרְט אַתְּ אוֹהֶבֶת? / אֵיזֶה סְפּוֹרְט אַתָּה אוֹהֵב?

에이제 스포르트 아타 오헤브? / 에이제 스포르트 아트 오헤베트?

축구를 좋아합니다.〈m〉

אֲנִי אוֹהֵב כַּדוּרֶגֶל.

아니 오헤브 카두레겔.

수영을 좋아합니다.〈f〉

אֲנִי אוֹהֶבֶת לִשְׂחוֹת.

아니 오헤베트 리쓰호트.

우리는 농구 경기를 보러 갑니다.

אֲנַחְנוּ הוֹלְכִים לִרְאוֹת מִשְׂחַק כַּדוּרְסַל.

아나흐누 홀킴 리르오트 미쓰학 카두르쌀.

하얀 티셔츠를 입은 팀은 어느 팀입니까?

אֵיזוֹ קְבוּצָה בַּחוּלְצוֹת הַלְּבָנוֹת?

에이조 크부짜 바훌쪼트 하레바노트?

우리는 테니스 경기를 하러 갑니다.

אֲנַחְנוּ הוֹלְכִים לְשַׂחֵק טֶנִיס.

아나흐누 홀킴 레싸헥 테니쓰.

누가 이겼습니까?

מִי נִיצַּח?

미 니짜흐〔니쩨아흐〕?

제가 이겼습니다.

אֲנִי נִיצַּחְתִּי.

아니 니짜흐티.

제가 졌습니다.

אֲנִי הִפְסַדְתִּי.

아니 힙싸드티.

비겼습니다.

תֵּיקוּ.

테이쿠.

이 동네에 수영장이 있습니까?

יֵשׁ בַּשְּׁכוּנָה בְּרֵיכַת שְׂחִיָּה?

예쉬 바슈쿠나 브레카트 쓰히야?

수영 금지!

!הָרַחְצָה אֲסוּרָה

하라흐짜 아쑤라!

영화와 연극

이곳에 영화관이 있습니까?

?יֵשׁ כָּאן קוֹלְנוֹעַ

예쉬 칸 콜노아?

연극 극장이 어디에 있습니까?

?אֵיפֹה יֵשׁ תֵּיאַטְרוֹן

에이포 예쉬 테아트론?

영화를 보고 싶습니다.〈m〉

.אֲנִי רוֹצֶה לִרְאוֹת סֶרֶט

아니 로쩨 리르오트 쎄레트.

연극을 보고 싶습니다.〈 f 〉

.אֲנִי רוֹצָה לִרְאוֹת הַצָּגָה

아니 로짜 리르오트 하짜가.

주연 배우가 누구입니까?

מִי הַשַּׂחְקָן הָרָאשִׁי?

미 하싸흐칸 하라쉬?

누가 이 연극에 출연합니까?

מִי מְשַׂחֵק בַּהַצָּגָה הַזֹּאת?

미 메싸헥 바하짜가 하조트?

감독(연출자)이 누구입니까?

מִי הַבַּמַּאי?

미 하바마이?

영어 자막이 있습니까?

יֵשׁ כְּתוּבִיּוֹת בְּאַנְגְּלִית?

예쉬 크투비요트 베앙글리트?

티켓이 있습니까?

יֵשׁ לָכֶם כַּרְטִיסִים?

예쉬 라켐 카르티씸?

티켓 가격이 얼마입니까?

מַה מְחִיר הַכַּרְטִיס?

마 메히르 하카르티쓰?

티켓 두 장 주십시오.

שְׁנֵי כַּרְטִיסִים, בְּבַקָּשָׁה.

슈네이 카르티씸, 베바카샤.

영화가 언제 시작됩니까?

מָתַי מַתְחִיל הַסֶּרֶט?

마타이 마트힐 하쎄레트?

영화가 언제 끝납니까?

מָתַי נִגְמָר הַסֶּרֶט?

마타이 니그마르 하쎄레트 ?

휴식 시간이 있습니까?

יֵשׁ הַפְסָקָה?

예쉬 합싸카?

이 영화는 아주 재미있습니다.

הַסֶּרֶט מְעַנְיֵן מְאוֹד.

하쎄레트 메아느옌 메오드.

이 영화는 너무 지루합니다. / 돈이 아깝습니다.

חֲבָל עַל הַכֶּסֶף. / הַסֶּרֶט נוֹרָא מְשַׁעֲמֵם.

하쎄레트 노라 메샤아멤. / 하발 알 하케쎄프.

이 연극은 정말 훌륭합니다!

אֵיזוֹ הַצָּגָה מְצוּיֶּנֶת!

에이조 하짜가 메쭈예네트!

동사 목록

가다	הוֹלְכִים 홀킴〈현mp〉	
끝나다	נִגְמָר 니그마르〈현ms〉	
보다	לִרְאוֹת 리르오트〈부〉	
수영하다	לִשְׂחוֹת 리쓰호트〈부〉	
시작하다	מַתְחִיל 마트힐〈현ms〉	
연기하다 경기하다	מְשַׂחֵק 메싸헥〈현ms〉	לְשַׂחֵק 레싸헥〈부〉
원하다	רוֹצֶה 로쩨〈현ms〉	רוֹצָה 로짜〈현fs〉
위치하다	נִמְצָא 님짜〈현ms〉	
이기다	נִיצַּח 니짜흐〈과3ms〉	נִיצַּחְתִּי 니짜흐티〈과1cs〉
좋아하다	אוֹהֵב 오헤브〈현ms〉	אוֹהֶבֶת 오헤베트〈현fs〉
지다	הִפְסַדְתִּי 힙싸드티〈과1cs〉	
할 수 있다	יָכוֹל 야콜〈현ms〉	יְכוֹלָה 예콜라〈현fs〉

병원과 약국

안내 사항

병원

약국

동사 목록

안내 사항

❖ 평균 수명

이스라엘은 높은 수준의 의료 서비스를 제공하고 있어서 아동 사망률이 낮고 국민 평균 수명이 긴 편이다.

❖ 주요 병원

이스라엘의 주요 종합 병원으로 예루살렘의 하다싸 병원과 샤아레 쩨덱 병원, 텔아비브의 이힐로브 병원, 하이파의 람밤 병원, 브엘세바의 쏘로카 병원 등이 있다. 종합 병원 외에도 지역마다 외래 환자들을 위한 병원(쿠파트 홀림)과 산모와 소아들을 위한 진료소(티파트 할라브)가 있다.

❖ 마겐 다비드 아돔

이스라엘의 응급 의료 서비스 센터로, 응급처치와 헌혈 그리고 구급차 서비스 등을 담당하고 있다. 전국에 약 120개의 센터가 있고, 많은 고등학교 학생들이 포함된 약 만 명의 자원자들의 도움으로 운영되고 있다.

❖ 약국 이용

약국에서 약품을 구입할 때 일반적으로 의사의 처방전이 필요하지만, 두통약이나 감기약 등 가벼운 약은 처방전 없이도 구입할 수 있다.

병 원

하다싸 병원에 어떻게 갑니까?

אֵיךְ מַגִּיעִים לְבֵית הַחוֹלִים הַדָּסָה?

에이크 마기임 레베이트 하홀림 하다싸?

소아과 의사의 진료를 예약하고 싶습니다.〈m〉

אֲנִי רוֹצֶה לְהַזְמִין תּוֹר לְרוֹפֵא יְלָדִים.

아니 로쩨 레하즈민 토르 레로페 옐라딤.

부인과 의사의 진료를 예약하고 싶습니다.〈f〉

אֲנִי רוֹצָה לְהַזְמִין תּוֹר לְרוֹפֵא נָשִׁים.

아니 로짜 레하즈민 토르 레로페 나쉼.

어디가 아프십니까?〈m〉 / 〈f〉

מַה כּוֹאֵב לְךָ? / מַה כּוֹאֵב לָךְ?

마 코에브 레카? / 마 코에브 라크?

머리가 아픕니다.

כּוֹאֵב לִי הָרֹאשׁ.

코에브 리 하로쉬.

배가 아픕니다.

כּוֹאֶבֶת לִי הַבֶּטֶן.

코에베트 리 하베텐.

치통이 있습니다.

יֵשׁ לִי כְּאֵב שִׁינַּיִים.

예쉬 리 케에브 쉬나임.

여기가 아픕니다.

כּוֹאֵב לִי פֹּה.

코에브 리 포.

몸 상태가 어떻습니까?〈m〉 / 〈f〉

אֵיךְ אַתְּ מַרְגִּישָׁה? / אֵיךְ אַתָּה מַרְגִּישׁ?

에이크 아타 마르기쉬? / 에이크 아트 마르기샤?

몸이 좋지 않습니다.〈m〉

אֲנִי לֹא מַרְגִּישׁ טוֹב.

아니 로 마르기쉬 토브.

현기증이 납니다.〈f〉

אֲנִי מַרְגִּישָׁה סְחַרְחוֹרֶת.

아니 마르기샤 쓰하르호레트.

제게 열이 있습니다.

יֵשׁ לִי חוֹם.

예쉬 리 홈.

감기 들었습니다.〈m〉 / 〈f〉

אֲנִי מְצוּנֶנֶת. / אֲנִי מְצוּנָן.

아니 메쭈난. / 아니 메쭈네네트.

저는 병이 났습니다.〈m〉 / 〈f〉

אֲנִי חוֹלָה. / אֲנִי חוֹלֶה.

아니 홀레. / 아니 홀라.

저는 임신 중입니다.

אֲנִי בְּהֵירָיוֹן.

아니 베헤라욘.

입을 벌려 주십시오.

בְּבַקָּשָׁה לִפְתּוֹחַ אֶת הַפֶּה.

베바카샤 리프토아흐 에트 하페.

숨을 깊게 쉬어 보십시오.

בְּבַקָּשָׁה לִנְשׁוֹם עָמוֹק.

베바카샤 린숌 아목.

옷을 벗어 주십시오.

לְהִתְפַּשֵּׁט, בְּבַקָּשָׁה.

레히트파쉐트, 베바카샤.

누워 주십시오.

לִשְׁכַּב, בְּבַקָּשָׁה.

리쉬카브, 베바카샤 .

여기 처방전이 있습니다.

הִנֵּה הַמִּרְשָׁם.

히네 하미르샴.

제게 의료보험이 있습니다.

יֵשׁ לִי בִּיטּוּחַ רְפוּאִי.

예쉬 리 비투아흐 르푸이.

제게 의료보험이 없습니다.

אֵין לִי בִּיטּוּחַ רְפוּאִי.

에인 리 비투아흐 르푸이.

진료비가 얼마입니까?

מַה מְּחִיר הַטִּיפּוּל?

마 메히르 하티풀?

빠른 회복을 빕니다!

!הַחְלָמָה מְהִירָה

하흘라마 메히라!

건강하세요!⟨m⟩ / ⟨f⟩

!תַּרְגִּישׁ טוֹב / !תַּרְגִּישִׁי טוֹב

타르기쉬 토브! / 타르기쉬 토브!

약 국

약국이 어디에 있습니까?

?אֵיפֹה יֵשׁ בֵּית מִרְקַחַת

에이포 예쉬 베이트 미르카하트?

두통약을 살 수 있습니까?

?אֶפְשָׁר לִקְנוֹת כַּדּוּרִים נֶגֶד כְּאֵב רֹאשׁ

엡샤르 리크노트 카두림 네게드 케에브 로쉬?

의사의 처방전이 있습니다.

.יֵשׁ לִי מִרְשַׁם רוֹפֵא

예쉬 리 미르샴 로페.

하루에 몇 번 이 약을 먹어야 합니까?

כַּמָּה פְּעָמִים בְּיוֹם צָרִיךְ לָקַחַת אֶת הַתְּרוּפָה?

카마 페아밈 베욤 짜리크 라카하트 에트 하트루파?

하루에 세 번 식후에 드세요.

שָׁלוֹשׁ פְּעָמִים בְּיוֹם אַחֲרֵי אֲרוּחָה.

샬로쉬 페아밈 베욤 아하레 아루하.

동사 목록

눕다	לִשְׁכַּב 리쉬카브〈부〉			
느끼다	מַרְגִּישׁ 마르기쉬〈현ms〉	מַרְגִּישָׁה 마르기샤〈현fs〉	תַּרְגִּישׁ 타르기쉬〈미2ms〉	תַּרְגִּישִׁי 타르기쉬〈미2fs〉
도착하다 이르다	מַגִּיעִים 마기임〈현mp〉			
(약을) 먹다	לָקַחַת 라카하트〈부〉			
옷을 벗다	לְהִתְפַּשֵּׁט 레히트파쉐트〈부〉			
사다	לִקְנוֹת 리크노트〈부〉			
숨쉬다	לִנְשׁוֹם 린숌〈부〉			
아프다	כּוֹאֵב 코에브〈현ms〉	כּוֹאֶבֶת 코에베트〈현fs〉		
열다 벌리다	לִפְתּוֹחַ 리프토아흐〈부〉			
예약하다	לְהַזְמִין 레하즈민〈부〉			
원하다	רוֹצֶה 로쩨〈현ms〉	רוֹצָה 로짜〈현fs〉		

사고와 분실

안내 사항

❖ 긴급 연락 번호

경찰서 : 100

응급치료(마겐 다비드 아돔) : 101

소방서 : 102

❖ 수상한 물건

이스라엘은 국가 안보와 관련된 특수한 상황 때문에 주인 없는 수상한 물건(헤페쯔 하슈드)이 발견되면 일단 폭탄물로 간주하므로 자신의 가방을 잃어버리지 않도록 각별히 주의해야 한다.

예루살렘 벤예후다 거리

사고와 분실

불이야!

אֵשׁ!

에쉬!

소방서에 연락해 주세요!〈m〉

תִּתְקַשֵּׁר לִמְכַבֵּי הָאֵשׁ!

티트카쉐르 리메카베 하에쉬!

살려주세요!

הַצִּילוּ!

하찔루!

도둑이야!

גַּנָּב!

가나브!

경찰을 불러주세요!〈m〉

קְרָא לַמִּשְׁטָרָה!

크라 라미쉬타라!

교통사고가 났습니다.

יֵשׁ תְּאוּנַת דְּרָכִים.

예쉬 트우나트 드라킴.

부상자가 있습니다.

יֵשׁ פְּצוּעִים.

예쉬 프쭈임.

구급차를 불러주세요.〈m〉

קְרָא לְאַמְבּוּלַנְס!

크라 레암불란쓰!

견인차가 필요합니다.〈m〉 / 〈f〉

אֲנִי צְרִיכָה רֶכֶב גְּרִירָה. / אֲנִי צָרִיךְ רֶכֶב גְּרִירָה.

아니 짜리크 레케브 그리라. / 아니 쯔리카 레케브 그리라.

수상한 물건입니다!

חֵפֶץ חָשׁוּד!

헤페쯔 하슈드!

조심!

זְהִירוּת!

즈히루트!

위험!

!סַכָּנָה

싸카나!

정지!

!עֲצוֹר

아쪼르!

비상 출구.

.יְצִיאַת חֵירוּם

예찌아트 헤룸.

제 가방을 잃어버렸습니다.

.אִבַּדְתִּי אֶת הַתִּיק שֶׁלִּי

이바드티 에트 하틱 쉘리.

제 여권을 분실했습니다.

.אִבַּדְתִּי אֶת הַדַּרְכּוֹן שֶׁלִּי

이바드티 에트 하다르콘 쉘리.

제 신용카드를 분실했습니다.

.אִבַּדְתִּי אֶת כַּרְטִיס הָאַשְׁרַאי שֶׁלִּי

이바드티 에트 카르티쓰 하아쉬라이 쉘리.

도와주십시오.〈m〉 / 〈f〉

תַּעַזְרִי לִי, בְּבַקָּשָׁה. / תַּעֲזוֹר לִי, בְּבַקָּשָׁה.

타아조르 리, 베바카샤. / 타아즈리 리, 베바카샤.

이곳에 분실물 보관소가 있습니까?

יֵשׁ כָּאן מַחְלֶקֶת אֲבֵדוֹת?

예쉬 칸 마흘레케트 아베도트?

한국 대사관이 어디에 있습니까?

אֵיפֹה נִמְצֵאת שַׁגְרִירוּת קוֹרֵיאָה?

에이포 님쩨트 샤그리루트 코레아?

동사 목록

도와주다	תַּעֲזוֹר 타아조르〈미2ms〉	תַּעַזְרִי 타아즈리〈미2fs〉
부르다	קְרָא 크라〈명2ms〉	
살려주다 구하다	הַצִּילוּ 하찔루〈명2mp〉	
연락하다 전화 걸다	תִּתְקַשֵּׁר 티트카쉐르〈미2ms〉	
위치하다	נִמְצֵאת 님쩨트〈현fs〉	
잃어버리다	אִבַּדְתִּי 이바드티〈과1cs〉	

어 휘

가구와 전자제품
가족과 친척
과일과 채소
관광
교육
교통
나라, 국민, 언어
날씨
동물
명절과 공휴일
문구류
방향
부엌
색깔과 치수
숫자
시간
식품과 음식
신체
액세서리
운동
의복
직업
질병
집
축약어

가구와 전자제품

가구	רָהִיטִים 라히팀〈mp〉
거울	מַרְאָה 마르아〈f〉
냉장고	מְקָרֵר 메카레르〈m〉
다리미	מַגְהֵץ 마그헤쯔〈m〉
라디오	רַדְיוֹ 라드요〈m〉
면도기	מְכוֹנַת גִּילּוּחַ 메코나트 길루아흐〈f〉
벽시계	שְׁעוֹן קִיר 슈온 키르〈m〉
비디오	מַכְשִׁיר וִידֵיאוֹ 막쉬르 비데오〈m〉
사진기	מַצְלֵמָה 마레마〈f〉
서랍장	שִׁידָּה 쉬다〈f〉
세탁기	מְכוֹנַת כְּבִיסָה 메코나트 크비싸〈f〉
소파	סַפָּה 싸파〈f〉
식기세척기	מֵדִיחַ כֵּלִים 메디아흐 켈림〈m〉
안락의자	כּוּרְסָה 쿠르싸〈 f 〉
에어컨	מַזְגָן 마즈간〈m〉
의자	כִּיסֵּא 키쎄〈m〉
자명종시계	שְׁעוֹן מְעוֹרֵר 샤온 메오레르〈m〉
장롱, 옷장	אֲרוֹן בְּגָדִים 아론 브가딤〈m〉
전등, 램프	מְנוֹרָה 메노라〈f〉
전자레인지	מִיקְרוֹגַל 미크로갈〈m〉
전자제품	מוּצְרֵי חַשְׁמַל 무쯔레 하슈말〈mp〉
전자제품 가게	חֲנוּת לְמוּצְרֵי חַשְׁמַל 하누트 레무쯔레 하슈말〈f〉
전화	טֶלֶפוֹן 텔레폰〈m〉
진공청소기	שׁוֹאֵב אָבָק 쇼에브 아박〈m〉
책상	שׁוּלְחָן 슐한〈m〉
책장	מַדָּף 마다프〈m〉
침대	מִיטָּה 미타〈f〉
카세트테이프	קַלֶּטֶת 칼레테트〈f〉

도서의 잘못 기재된 어휘 항목의 표기를 바로잡습니다.

편집 환경의 변화로 일부 오탈자 수정사항을 도서에 반영하는 데 어려움이 있어서 부득이 정오표로 대체함을 양해해 주시기 바랍니다.

쪽수	어휘 항목 및 바른 표기	
190	사진기	מַצְלֵמָה 마쯜레마〈f〉
193	복숭아	אֲפַרְסֵק 아파르쎽〈m〉
194	기념탑	אַנְדַּרְטָה 안다르타〈f〉
196	(단과)대학교	מִכְלָלָה 미클랄라〈f〉
202	염소(새끼)	גְּדִי 그디〈m〉
204	오른쪽으로	יָמִינָה 야미나
209	오전	לִפְנֵי הַצָּהֳרַיִם 리프네 하쪼호라임
	정오	צָהֳרַיִם 쪼호라임〈mp〉
	오후	אַחַר הַצָּהֳרַיִם 아하르 하쪼호라임
213	점심식사	אֲרוּחַת צָהֳרַיִם 아루하트 쪼호라임〈f〉
	눈	עַיִן 아인〈f〉, עֵינַיִם 에나임〈fd〉
218	대사	שַׁגְרִיר 샤그리르〈m〉
219	장관	שַׂר 싸르〈m〉, שָׂרָה 싸라〈f〉
	컴퓨터 프로그래머	מְתַכְנֵת 메타크네트〈m〉, מְתַכְנֶתֶת 메타크네네트〈f〉

카펫	שָׁטִיחַ 샤티아흐〈m〉
커튼	וִילוֹן 빌론〈m〉
커피포트(전기 주전자)	קוּמְקוּם חַשְׁמַלִּי 쿰쿰 하쉬말리〈m〉
컴퓨터	מַחְשֵׁב 마흐쉐브〈m〉
텔레비전	טֶלֶוִיזְיָה 텔레비즈야〈f〉
헤어드라이어	מְיַבֵּשׁ שֵׂעָר 메야베쉬 쎄아르〈m〉
히터	תַּנּוּר חִימּוּם 타누르 히뭄〈m〉

가족과 친척

가족	מִשְׁפָּחָה 미쉬파하〈f〉
남편	בַּעַל 바알〈m〉
딸	בַּת 바트〈f〉, בָּנוֹת 바노트〈fp〉
며느리, 신부	כַּלָּה 칼라〈f〉
부모	הוֹרִים 호림〈mp〉
부부	בַּעַל וְאִשָּׁה 바알 베이샤
사위, 신랑	חָתָן 하탄〈m〉
사촌	בֶּן דּוֹד 벤 도드〈m〉, בַּת דּוֹד 바트 도드〈f〉
손녀	נֶכְדָּה 네크다〈f〉
손자	נֶכֶד 네케드〈m〉
시아버지, 장인	חָם 함〈m〉
시어머니, 장모	חָמוֹת 하모트〈f〉
아기	תִּינוֹק 티녹〈m〉, תִּינוֹקֶת 티노케트〈f〉
아내	אִישָּׁה 이샤〈f〉
아들	בֵּן 벤〈m〉, בָּנִים 바님〈mp〉
아버지	אַבָּא 아바, אָב 아브〈m〉
아이	יֶלֶד 옐레드〈m〉, יַלְדָּה 얄다〈f〉
어머니	אִימָּא 이마〈f〉, אֵם 엠〈f〉
이모, 고모, 숙모, 큰엄마, 작은 엄마	דּוֹדָה 도다〈f〉
이모부, 고모부, 삼촌, 큰아버지, 작은 아버지	דּוֹד 도드〈m〉

자매	אָחוֹת 아호트〈f〉
장모	חוֹתֶנֶת 호테네트〈f〉, חָמוֹת 하모트〈f〉
장인	חוֹתֵן 호텐〈m〉, חָם 함〈m〉
조카	אַחְיָן 아흐얀〈m〉, אַחְיָנִית 아흐야니트〈f〉
증손녀	נִינָה 니나〈f〉
증손자	נִין 닌〈m〉
처남, 형부, 매형	גִּיס 기쓰〈m〉
처제, 처형, 형수, 올케, 시누이	גִּיסָה 기싸〈f〉
친척	קְרוֹב מִשְׁפָּחָה 크로브 미쉬파하〈m〉, קְרוֹבַת מִשְׁפָּחָה 크로바트 미쉬파하〈f〉
할머니	סַבְתָּא 쌉타〈f〉
할아버지	סַבָּא 싸바〈m〉
형제	אָח 아흐〈m〉

과일과 채소

가지	חָצִיל 하찔〈m〉
감	אֲפַרְסְמוֹן 아파르쎄몬〈m〉
감자	תַּפּוּחַ אֲדָמָה 타푸아흐 아다마〈m〉
강낭콩	שְׁעוּעִית 슈우이트〈f〉
건포도	צִמּוּקִים 찌묵킴〈mp〉
고구마	בַּטָּטָה 바타타〈f〉
고추	פִּלְפֵּל 필펠〈m〉
과일	פְּרִי 프리〈m〉, פֵּירוֹת 페로트〈mp〉
귤	קְלֶמֶנְטִינָה 클레만티나〈f〉
당근	גֶּזֶר 게제르〈m〉
딸기	תּוּת שָׂדֶה 투트 싸데〈m〉
대추	תְּמָרִים 트마림〈mp〉
레몬	לִימוֹן 리몬〈m〉
마늘	שׁוּם 슘〈m〉
멜론	מֶלוֹן 멜론〈m〉

무 / 작은 무	צְנוֹן 쯔논〈m〉/ צְנוֹנִית 쯔노니트〈f〉
무화과	תְּאֵנָה 테에나〈f〉
바나나	בָּנָנָה 바나나〈f〉
밤	עַרְמוֹן 아르몬〈m〉
배	אַגָּס 아가쓰〈m〉
배추	כְּרוּב סִינִי 크루브 씨니〈m〉
버섯	פִּטְרִיָּה 피트리야〈f〉
복숭아	אֲפַרְסֵק 아파르〈m〉
사과	תַּפּוּחַ עֵץ 타푸아흐 에쯔〈m〉
사탕무	סֶלֶק 쎌렉〈m〉
살구	מִשְׁמֵשׁ 미쉬메쉬〈m〉
상추	חַסָּה 하싸〈f〉
석류	רִמּוֹן 리몬〈m〉
수박	אֲבַטִּיחַ 아바티아흐〈m〉
시금치	תֶּרֶד 테레드〈m〉
아보카도	אֲבוֹקָדוֹ 아보카도〈m〉
양배추	כְּרוּב 크루브〈m〉
양파	בָּצָל 바짤〈m〉
오렌지	תַּפּוּז 타푸즈〈m〉
오이	מְלָפְפוֹן 멜라페폰〈m〉
옥수수	תִּירָס 티라쓰〈m〉
올리브	זַיִת 자이트〈m〉
완두콩	אֲפוּנָה 아푸나〈f〉
자두	שְׁזִיף 슈지프〈m〉
자몽	אֶשְׁכּוֹלִית 에쉬콜리트〈f〉
채소	יְרָקוֹת 예라코트〈mp〉
체리	דֻּבְדְּבָן 두브데반〈m〉
콩나물	נִבְטֵי קִטְנִיּוֹת 니브테 키트니요트〈mp〉
키위	קִיווִי 키비〈m〉
토마토	עַגְבָנִיָּה 아그바니야〈f〉

파	בָּצָל יָרוֹק 바짤 야록〈m〉
파슬리	פֶּטְרוֹסִילְיָה 페트로질르야〈f〉
파인애플	אֲנָנָס 아나나쓰〈m〉
포도	עֲנָבִים 아나빔〈mp〉
피망	פִּלְפֵּל מָתוֹק 필펠 마톡〈m〉
호박	דְּלַעַת 들라아트〈f〉
(애)호박	קִישׁוּאִים 키슈임〈mp〉

관 광

가이드	מַדְרִיךְ 마드리크〈m〉, מַדְרִיכָה 마드리카〈f〉
강	נָהָר 나하르〈m〉
건물	בִּנְיָן 비느얀〈m〉
경치	נוֹף 노프〈m〉
고대 도시	עִיר עַתִּיקָה 이르 아티카〈f〉
공원	גַּן צִיבּוּרִי 간 찌부리〈m〉
관광	סִיּוּר 씨유르〈m〉
광장	כִּיכָּר 키카르〈f〉
교회	כְּנֵסִיָּה 크네씨야〈f〉
(이스라엘) 국회의사당	הַכְּנֶסֶת 하크네쎄트〈f〉
궁전	אַרְמוֹן 아르몬〈m〉
그림	צִיּוּר 찌유르〈m〉
극장	קוֹלְנוֹעַ 콜노아〈m〉
기념탑	אַנְדַּרְטָה 안타르타〈f〉
기념품	מַזְכֶּרֶת 마즈케레트〈f〉
다리	גֶּשֶׁר 게쉐르〈m〉
동굴	מְעָרָה 메아라〈f〉
동물원	גַּן חַיּוֹת 간 하요트〈m〉
동상	פֶּסֶל 페쎌〈m〉
모자	כּוֹבַע 코바〈m〉

묘지	בֵּית קְבָרוֹת 베이트 크바로트⟨m⟩
무덤	קֶבֶר 케베르⟨m⟩
바다	יָם 얌⟨m⟩
박물관	מוּזֵאוֹן 무제온⟨m⟩
백화점	חֲנוּת כּוֹלְבּוֹ 하누트 콜보⟨f⟩
비자	וִיזָה 비자⟨f⟩, אַשְׁרָה 아슈라⟨f⟩
사막	מִדְבָּר 미드바르⟨m⟩
사원(회교)	מִסְגָּד 미쓰가드⟨m⟩
사진	תְּמוּנָה 트무나⟨f⟩
사진기	מַצְלֵמָה 마쯜레마⟨f⟩
사해	יַם הַמֶּלַח 얌 하멜라흐⟨m⟩
산	הַר 하르⟨m⟩
샘	מַעְיָן 마아얀⟨m⟩
선글라스	מִשְׁקְפֵי שֶׁמֶשׁ 미쉬케페이 쉐메쉬⟨mp⟩
성벽	חוֹמָה 호마⟨f⟩
쇼핑센터	מֶרְכַּז קְנִיּוֹת 메르카즈 크니요트⟨m⟩
수도원	מִנְזָר 민자르⟨m⟩
수영장	בְּרֵיכַת שְׂחִיָּה 브레카트 쓰키야⟨f⟩
시장	שׁוּק 슉⟨m⟩
시청	עִירִיָּה 이리야⟨f⟩
식물원	גַּן בּוֹטָנִי 간 보타니⟨m⟩
여권	דַּרְכּוֹן 다르콘⟨m⟩
여행	נְסִיעָה 느씨아⟨f⟩, טִיּוּל 티율⟨m⟩
연극	הַצָּגָה 하짜가⟨f⟩
연극 극장	תֵּיאַטְרוֹן 테아트론⟨m⟩
영화	סֶרֶט 쎄레트⟨m⟩
와디	נַחַל 나할⟨m⟩
입장료	מְחִיר כְּנִיסָה 메히르 크니싸⟨m⟩
전망대	מִצְפֶּה 미쯔페⟨m⟩
전시회	תַּעֲרוּכָה 타아루카⟨f⟩

케이블카	רַכֶּבֶל 라케벨⟨m⟩
탑	מִגְדָּל 미그달⟨m⟩
터널	מִנְהָרָה 민하라⟨f⟩
통곡의 벽(서쪽 벽)	הַכּוֹתֶל הַמַּעֲרָבִי 하코텔 하마아라비⟨m⟩
폭포	מַפַּל מַיִם 마팔 마임⟨m⟩
해변	חוֹף יָם 호프 얌⟨m⟩
호수	אֲגַם 아감⟨m⟩
호스텔	אַכְסַנְיָה 악싸느야⟨f⟩
호텔	מָלוֹן 말론⟨m⟩
회당	בֵּית כְּנֶסֶת 베이트 크네쎄트⟨m⟩

교 육

강의	הַרְצָאָה 하르짜아⟨f⟩
개학	פְּתִיחַת שְׁנַת הַלִּימוּדִים 프티하트 슈나트 하리무딤⟨f⟩
고등학교	בֵּית סֵפֶר תִּיכוֹן 베이트 쎄페르 티콘⟨m⟩
공립학교	בֵּית סֵפֶר מַמְלַכְתִּי 베이트 쎄페르 마믈라크티⟨m⟩
공립종교학교	בֵּית סֵפֶר מַמְלַכְתִּי־דָּתִי 베이트 쎄페르 마믈라크티 다티⟨m⟩
과목	קוּרְס 쿠르쓰⟨m⟩
교수	פְּרוֹפֶסוֹר 프로페쏘르⟨m⟩
교실	כִּיתָּה 키타⟨f⟩
교육	חִינּוּךְ 히누크⟨m⟩
교육부	מִשְׂרַד חִינּוּךְ 미쓰라드 히누크⟨m⟩
교육부 장관	שַׂר מִשְׂרַד חִינּוּךְ 싸르 미쓰라드 히누크⟨m⟩
교장	מְנַהֵל בֵּית סֵפֶר 메나헬 베이트 쎄페르⟨m⟩
기숙사	מְעוֹנוֹת 메오노트⟨mp⟩
논문	תֵּיזָה 테자⟨f⟩, עֲבוֹדָה 아보다⟨f⟩
대학교	אוּנִיבֶרְסִיטָה 우니베르씨타⟨f⟩
(단과)대학교	מִכְלָלָה 미클라라⟨f⟩
대학생	סְטוּדֶנְט 쓰투덴트⟨m⟩, סְטוּדֶנְטִית 쓰투덴티트⟨f⟩

(이스라엘) 대학입학고사	בְּחִינַת בַּגְרוּת 브히나트 바그루트〈f〉
도서관	סִפְרִיָּה 씨프리야〈f〉
박사학위	תּוֹאַר שְׁלִישִׁי 토아르 슐리쉬〈m〉
방학	חוּפְשָׁה 훕샤〈f〉
석사학위	תּוֹאַר שֵׁנִי 토아르 쉐니〈m〉
선생님	מוֹרֶה 모레〈m〉, מוֹרָה 모라〈f〉
수강신청	רִישּׁוּם לְקוּרְסִים 리슘 레쿠르씸〈m〉
수업	שִׁיעוּר 쉬우르〈m〉
숙제	שִׁיעוּרֵי בַּיִת 쉬우레 바이트〈mp〉
시험	מִבְחָן 미브한〈m〉, בְּחִינָה 브히나〈f〉
식당	מִסְעָדָה 미쓰아다〈f〉
예쉬바(종교인 학교)	יְשִׁיבָה 예쉬바〈f〉
울판(히브리어 배우는 곳)	אוּלְפָּן 울판〈m〉
유치원	גַּן יְלָדִים 간 옐라딤〈m〉
장학금	מִלְגָּה 밀가〈f〉
전공	מִקְצוֹעַ 믹쪼아〈m〉
점수	צִיּוּן 찌윤〈m〉
졸업	סִיּוּם לִימּוּדִים 씨윰 리무딤〈m〉
졸업식	טֶקֶס הַעֲנָקַת תְּעוּדוֹת 테케쓰 하아나카트 트우도트〈m〉
중학교	חֲטִיבַת בֵּינַיִם 하티바트 베나임〈f〉
지도교수	מַדְרִיךְ 마드리크〈m〉, מַדְרִיכָה 마드리카〈f〉
초등학교	בֵּית סֵפֶר יְסוֹדִי 베이트 쎄페르 예쏘디〈m〉
총장	נְשִׂיא אוּנִיבֶרְסִיטָה 느씨 우니베르씨타〈m〉
카페테리아	קָפֶטֶרְיָה 카페테르야〈f〉
캠퍼스	קַמְפּוּס 캄푸쓰〈m〉
퀴즈	בּוֹחַן 보한〈m〉
학과	חוּג 후그〈m〉
학과사무실	מִשְׂרַד חוּג 미쓰라드 후그〈m〉
학과장	רֹאשׁ חוּג 로쉬 후그〈m〉
학교	בֵּית סֵפֶר 베이트 쎄페르〈m〉

학기	סֶמֶסְטֶר 쎄메쓰테르〈m〉
학년도	שְׁנַת לִימּוּדִים 슈나트 리무딤〈f〉
학비	שְׂכַר לִימּוּד 쓰카르 리무드〈m〉
학사학위	תּוֹאַר רִאשׁוֹן 토아르 리숀〈m〉
학생	תַּלְמִיד 탈미드〈m〉, תַּלְמִידָה 탈미다〈f〉
학생증	תְּעוּדַת סְטוּדֶנְט 트우다트 쓰투덴트〈f〉
학장	דֵּיקַן פָּקוּלְטָה 데칸 파쿨타〈m〉
학점	יְחִידַת לִימּוּד 예히다트 리무드〈f〉
휴강	בִּיטּוּל שִׁיעוּרִים 비툴 쉬우림〈m〉
휴학	הַפְסָקַת לִימּוּדִים 합싸카트 리무딤〈f〉

교 통

거리	רְחוֹב 르호브〈m〉
고속도로	כְּבִישׁ מָהִיר 크비쉬 마히르〈m〉
공항	נְמַל תְּעוּפָה 느말 트우파〈m〉, שְׂדֵה תְּעוּפָה 쓰데 트우파〈m〉
교통	תַּחְבּוּרָה 타흐부라〈f〉
교통사고	תְּאוּנַת דְּרָכִים 트우나트 드라킴〈f〉
교통순경	שׁוֹטֵר תְּנוּעָה 쇼테르 트누아〈m〉
교통체증	פְּקַק תְּנוּעָה 프칵 트누아〈m〉
기차	רַכֶּבֶת 라케베트〈f〉
기차역	תַּחֲנַת רַכֶּבֶת 타하나트 라케베트〈f〉
길	דֶּרֶךְ 데레크〈f〉
노란불	אוֹר צָהוֹב 오르 짜호브〈m〉
도로	כְּבִישׁ 크비쉬〈m〉
배	אוֹנִיָּה 오니야〈f〉
(작은)배	סִירָה 씨라〈f〉
빨간불	אוֹר אָדוֹם 오르 아돔〈m〉
버스	אוֹטוֹבּוּס 오토부쓰〈m〉
버스 정류장	תַּחֲנַת אוֹטוֹבּוּס 타하나트 오토부쓰〈f〉

버스 쿠폰	כַּרְטִיסִיָּה 카르티씨야〈f〉
버스 터미널	תַּחֲנָה מֶרְכָּזִית 타하나 메르카지트〈f〉
벌금	קְנָס 크나쓰〈m〉
보도	מִדְרָכָה 미드라카〈f〉
비행기	מָטוֹס 마토쓰〈m〉
비행사	טַיָּס 타야쓰〈m〉
사거리	צוֹמֶת 쪼메트〈m〉
신호등	רַמְזוֹר 람조르〈m〉
오토바이	אוֹפַנּוֹעַ 오파노아〈m〉
운전기사	נֶהָג 네하그, נָהָג 나하그〈m〉
운전면허증	רִשְׁיוֹן נְהִיגָה 리슈욘 느히가〈m〉
일방통행 거리	רְחוֹב חַד סִטְרִי 르호브 하드 씨트리〈m〉
자동차	מְכוֹנִית 메코니트〈f〉, אוֹטוֹ 오토〈m〉
자전거	אוֹפַנַּיִם 오파나임〈m〉
정류장	תַּחֲנָה 타하나〈f〉
주유소	תַּחֲנַת דֶּלֶק 타하나트 델렉〈f〉
주차장	חֲנָיָה 하나야〈f〉, חֲנִיָּה 하니야〈f〉
지하철	רַכֶּבֶת תַּחְתִּית 라케베트 타흐티트〈f〉
차	רֶכֶב 레케브〈m〉
택시	מוֹנִית 모니트〈f〉
(합승)택시	שֵׁירוּת 쉐루트〈m〉
터널	מִנְהָרָה 민하라〈f〉
트럭	מַשָּׂאִית 마싸이트〈f〉
파란불	אוֹר יָרוֹק 오르 야록〈m〉
표, 티켓	כַּרְטִיס 카르티쓰〈m〉
(편도)표	כַּרְטִיס לְכִוּוּן אֶחָד 카르티쓰 레키분 에하드〈m〉
(왕복)표	כַּרְטִיס הָלוֹךְ וָשׁוֹב 카르티쓰 할로크 바쇼브〈m〉
표 파는 곳	קוּפָּה 쿠파〈f〉
헬리콥터	מַסּוֹק 마쏙〈m〉
횡단보도	מַעֲבַר חֲצִיָּה 마아바르 하찌야〈m〉

나라, 국민, 언어

그리스	יָוָן 야반〈f〉
그리스인	יְוָנִי 예바니〈m〉, יְוָנִית 예바니트〈f〉
그리스어	יְוָנִית 예바니트〈f〉
독일	גֶּרְמַנְיָה 게르마느야〈f〉
독일인	גֶּרְמָנִי 게르마니〈m〉, גֶּרְמַנִיָּה 게르마니야〈f〉
독일어	גֶּרְמָנִית 게르마니트〈f〉
러시아	רוּסְיָה 루쓰야〈f〉
러시아인	רוּסִי 루씨〈m〉, רוּסִיָּה 루씨야〈f〉
러시아어	רוּסִית 루씨트〈f〉
미국	אֲמֶרִיקָה 아메리카〈f〉, אַרְצוֹת הַבְּרִית 아르쪼트 하브리트〈f〉
미국인	אֲמֶרִיקָנִי 아메리카니〈m〉, אֲמֶרִיקָנִית 아메리카니트〈f〉
스페인	סְפָרַד 쓰파라드〈f〉
스페인인	סְפָרַדִּי 쓰파라디〈m〉, סְפָרַדִּיָּה 쓰파라디야〈f〉
스페인어	סְפָרַדִּית 쓰파라디트〈f〉
영국	אַנְגְּלִיָּה 앙글리야〈f〉
영국인	אַנְגְּלִי 앙글리〈m〉, אַנְגְּלִיָּה 앙글리야〈f〉
영어	אַנְגְּלִית 앙글리트〈f〉
이스라엘	יִשְׂרָאֵל 이쓰라엘〈f〉
이스라엘인	יִשְׂרְאֵלִי 이쓰르엘리〈m〉, יִשְׂרְאֵלִית 이쓰르엘리트〈f〉
히브리어	עִבְרִית 이브리트〈f〉
이집트	מִצְרַיִם 미쯔라임〈f〉
이집트인	מִצְרִי 미쯔리〈m〉, מִצְרִיָּה 미쯔리야〈f〉
아랍어	עַרְבִית 아르비트〈f〉
이탈리아	אִיטַלְיָה 이탈르야〈f〉
이탈리아인	אִיטַלְקִי 이탈키〈m〉, אִיטַלְקִיָּה 이탈키야〈f〉
이탈리아어	אִטַלְקִית 이탈키트〈f〉
일본	יַפָּן 야판〈f〉
일본인	יַפָּנִי 야파니〈m〉, יַפָּנִית 야파니트〈f〉

일본어	יַפָּנִית 야파니트⟨f⟩
중국	סִין 씬⟨f⟩
중국인	סִינִי 씨니⟨m⟩, סִינִית 씨니트⟨f⟩
중국어	סִינִית 씨니트⟨f⟩
프랑스	צָרְפַת 짜르파트⟨f⟩
프랑스인	צָרְפָתִי 짜르파티⟨m⟩, צָרְפָתִיָּה 짜르파티야⟨f⟩
프랑스어	צָרְפָתִית 짜르파티트⟨f⟩
한국	קוֹרֵיאָה 코레아⟨f⟩
한국인	קוֹרֵיאָנִי 코레아니⟨m⟩, קוֹרֵיאָנִית 코레아니트⟨f⟩
한국어	קוֹרֵיאָנִית 코레아니트⟨f⟩

날 씨

구름	עָנָן 아난⟨m⟩
기온	טֶמְפֶּרָטוּרָה 템페라투라⟨f⟩
눈	שֶׁלֶג 쉘레그⟨m⟩
더운	חַם 함
더위	חוֹם 홈⟨m⟩
도(℃)	מַעֲלוֹת 마알로트⟨fp⟩
바람	רוּחַ 루아흐⟨f⟩
비	גֶּשֶׁם 게쉠⟨m⟩
아름다운, 화창한	יָפֶה 야페
우산	מִטְרִיָּה 미트리야⟨f⟩
일기예보	תַּחֲזִית 타하지트⟨f⟩
추운	קַר 카르
추위	קוֹר 코르⟨m⟩
함씬	חַמְסִין 함씬⟨m⟩
해, 태양	שֶׁמֶשׁ 쉐메쉬⟨f⟩
홍수	שִׁטָּפוֹן 쉬타폰⟨m⟩
흐린	מְעוּנָן 메우난

동 물

개	כֶּלֶב 켈레브〈m〉
개미	נְמָלָה 느말라〈f〉
고양이	חָתוּל 하툴〈m〉
곰	דּוֹב 도브〈m〉
낙타	גָּמָל 가말〈m〉
늑대	זְאֵב 즈에브〈m〉
닭	תַּרְנְגוֹל 타르네골〈m〉
독수리	נֶשֶׁר 네쉐르〈m〉
동물	חַיָּה 하야〈f〉, חַיּוֹת 하요트〈fp〉
동물원	גַּן חַיּוֹת 간 하요트〈m〉
돼지	חֲזִיר 하지르〈m〉
말	סוּס 쑤쓰〈m〉
모기	יַתּוּשׁ 야투쉬〈m〉
부엉이	יַנְשׁוּף 얀슈프〈m〉
비둘기	יוֹנָה 요나〈f〉
사슴	אַיָּל 아얄〈m〉
사자	אַרְיֵה 아르예〈m〉
산양	יָעֵל 야엘〈f〉
새	צִפּוֹר 찌포르〈f〉
양	כֶּבֶשׂ 케베쓰〈m〉
여우	שׁוּעָל 슈알〈m〉
염소	גְּדִי 그디〈m〉
원숭이	קוֹף 코프〈m〉
쥐	עַכְבָּר 아크바르〈m〉
코끼리	פִּיל 필〈m〉
토끼	אַרְנָב 아르나브〈m〉
파리	זְבוּב 즈부브〈m〉
호랑이	נָמֵר 나메르〈m〉

명절과 공휴일

공휴일	חוּפְשָׁה 훕샤⟨f⟩
독립기념일	יוֹם הָעַצְמָאוּת 욤 하아쯔마우트⟨m⟩
명절	חַג 하그⟨m⟩
부림절	פּוּרִים 푸림⟨m⟩
속죄일	יוֹם כִּפּוּר 욤 키푸르⟨m⟩
수전절	חֲנוּכָּה 하누카⟨f⟩
신년	רֹאשׁ הַשָּׁנָה 로쉬 하샤나⟨m⟩
안식일	שַׁבָּת 샤바트⟨f⟩
유월절	פֶּסַח 페싸흐⟨m⟩
초막절	סוּכּוֹת 쑤코트⟨m⟩
칠칠절	שָׁבוּעוֹת 샤부오트⟨m⟩
토라 축제일	שִׂמְחַת תּוֹרָה 씸하트 토라⟨f⟩
홀로코스트 추모일	יוֹם הַשּׁוֹאָה 욤 하쇼아⟨m⟩

문구류

가방	תִּיק 틱⟨m⟩
가위	מִסְפָּרַיִם 미쓰파라임⟨mp⟩
공책	מַחְבֶּרֶת 마흐베레트⟨f⟩
달력	לוּחַ שָׁנָה 루아흐 샤나⟨m⟩
물감	צְבָעִים 쯔바임⟨mp⟩
봉투	מַעֲטָפָה 마아타파⟨f⟩
사전	מִילוֹן 밀론⟨m⟩
서점	חֲנוּת סְפָרִים 하누트 쓰파림⟨f⟩
수첩	פִּנְקָס 핀카쓰⟨m⟩
연필	עִיפָּרוֹן 이파론⟨m⟩
엽서	גְּלוּיָה 글루야⟨f⟩
일기장	יוֹמָן 요만⟨m⟩

자	סַרְגֵּל 싸르겔〈m〉
지도	מַפָּה 마파〈f〉
지우개	מוֹחֵק 모헥〈m〉
책	סֵפֶר 쎄페르〈m〉
칼	סַכִּין 싸킨〈f〉
펜	עֵט 에트〈m〉
편지지	נְיַר מִכְתָּבִים 네야르 믹타빔〈m〉
포장지	נְיַר עֲטִיפָה 네야르 아티파〈m〉
폴더(바인더)	קְלָסֵר 클라쎄르〈m〉
풀	דֶּבֶק 데벡〈m〉
필통	קַלְמָר 칼마르〈m〉

방 향

동쪽	מִזְרָח 미즈라흐〈m〉
동쪽으로	מִזְרָחָה 미즈라하
서쪽	מַעֲרָב 마아라브〈m〉
서쪽으로	מַעֲרָבָה 마아라바
남쪽	דָּרוֹם 다롬〈m〉
남쪽으로	דְּרוֹמָה 드로마
북쪽	צָפוֹן 짜폰〈m〉
북쪽으로	צְפוֹנָה 쯔포나
오른쪽	יָמִין 야민〈m〉
오른쪽에	בְּצַד יָמִין 베짜드 야민
오른쪽으로	יָמִינָה 야미나
왼쪽	שְׂמֹאל 쓰몰〈m〉
왼쪽에	בְּצַד שְׂמֹאל 베짜드 쓰몰
왼쪽으로	שְׂמֹאלָה 쓰몰라
똑바로, 곧장	יָשָׁר 야샤르
앞으로	קָדִימָה 카디마

뒤로	אֲחוֹרָה 아호라
위로	לְמַעְלָה 레마알라
아래로	לְמַטָּה 레마타

부 엌

가스레인지	כִּירַיִם 키라임〈m〉
국자	מַצֶּקֶת 마쩨케트〈f〉
그릇 / 작은 그릇	קְעָרָה 케아라〈f〉 / קְעָרִית 케아리트〈f〉
냄비	סִיר 씨르〈m〉
냅킨	מַפִּית 마피트〈f〉
도마	קֶרֶשׁ חִיתּוּךְ 케레쉬 히투크〈m〉
병	בַּקְבּוּק 바크북〈m〉
병따개	פּוֹתְחָן בַּקְבּוּקִים 포트한 바크부킴〈m〉
부엌 수건	מַגֶּבֶת מִטְבָּח 마게베트 미트바흐〈f〉
비누	סַבּוֹן 싸본〈m〉
비닐봉지	שַׂקִּית פְּלַסְטִיק 싸키트 플라스틱〈f〉
수도꼭지	בֶּרֶז 베레즈〈m〉
숟가락	כַּף 카프〈f〉
식기세척제	נוֹזֵל לְכֵלִים 노젤 레켈림〈m〉
식탁	שׁוּלְחַן אוֹכֶל 슐한 오켈〈m〉
식탁보	מַפָּה 마파〈f〉
싱크대	כִּיּוֹר 키요르〈m〉
쓰레기통	פַּח אַשְׁפָּה 파흐 아쉬파〈m〉
오븐	תַּנּוּר 타누르〈m〉
은박지	נְיַר כֶּסֶף 네야르 케쎄프〈m〉
쟁반	מַגָּשׁ 마가쉬〈m〉
접시	צַלַּחַת 짤라하트〈f〉
젓가락	מַקְלוֹת 마클로트〈mp〉
주전자	קוּמְקוּם 쿰쿰〈m〉

찬장	אֲרוֹן מִטְבָּח 아론 미트바흐〈m〉
칼	סַכִּין 싸킨〈f〉
캔 따개	פּוֹתְחַן שִׁימּוּרִים 포트한 쉬무림〈m〉
커피스푼	כַּפִּית 카피트〈f〉
컵(머그잔)	סֵפֶל 쎄펠〈m〉
컵(유리잔)	כּוֹס 코쓰〈f〉, כּוֹסוֹת 코쏘트〈fp〉
포크	מַזְלֵג 마즐레그〈m〉
프라이팬	מַחֲבַת 마하바트〈f〉

색깔과 치수

색깔	צֶבַע 쩨바〈m〉, צְבָעִים 쯔바임〈mp〉
옅은	בָּהִיר 바히르〈m〉, בְּהִירָה 브히라〈f〉
짙은	כֵּהֶה 케헤〈m〉, כֵּהָה 케하〈f〉
갈색	חוּם 훔〈m〉, חוּמָה 후마〈f〉
검은색	שָׁחוֹר 샤호르〈m〉, שְׁחוֹרָה 슈호라〈f〉
노란색	צָהוֹב 짜호브〈m〉, צְהוּבָּה 쯔후바〈f〉
빨간색	אָדוֹם 아돔〈m〉, אֲדוּמָּה 아두마〈f〉
보라색	סָגוֹל 싸골〈m〉, סְגוּלָּה 쓰굴라〈f〉
분홍색	וָרוֹד 바로드〈m〉, וְרוּדָּה 브루다〈f〉
주황색	כָּתוֹם 카톰〈m〉, כְּתוּמָּה 크투마〈f〉
초록색	יָרוֹק 야록〈m〉, יְרוּקָּה 예루카〈f〉
파란색	כָּחוֹל 카홀〈m〉, כְּחוּלָּה 크훌라〈f〉
회색	אָפוֹר 아포르〈m〉, אֲפוֹרָה 아포라〈f〉
흰색	לָבָן 라반〈m〉, לְבָנָה 레바나〈f〉
치수	מִידָּה 미다〈f〉
큰	גָּדוֹל 가돌〈m〉, גְּדוֹלָה 그돌라〈f〉
작은	קָטָן 카탄〈m〉, קְטַנָּה 크타나〈f〉

긴	אָרוֹךְ 아로크⟨m⟩, אֲרוּכָּה 아루카⟨f⟩
짧은	קָצָר 카짜르⟨m⟩, קְצָרָה 크짜라⟨f⟩
넓은	רָחָב 라하브⟨m⟩, רְחָבָה 르하바⟨f⟩
좁은	צַר 짜르⟨m⟩, צָרָה 짜라⟨f⟩
높은	גָּבוֹהַּ 가보아흐⟨m⟩, גְּבוֹהָה 그보하⟨f⟩
낮은	נָמוּךְ 나무크⟨m⟩, נְמוּכָה 네무카⟨f⟩
얇은, 가는	דַּק 닥⟨m⟩, דַּקָּה 다카⟨f⟩
두꺼운, 굵은	עָבֶה 아베⟨m⟩, עָבָה 아바⟨f⟩

숫 자

0	אֶפֶס 에페쓰
1	אַחַת 아하트
2	שְׁתַּיִם 슈타임
3	שָׁלוֹשׁ 샬로쉬
4	אַרְבַּע 아르바
5	חָמֵשׁ 하메쉬
6	שֵׁשׁ 쉐쉬
7	שֶׁבַע 쉐바
8	שְׁמוֹנֶה 슈모네
9	תֵּשַׁע 테샤
10	עֶשֶׂר 에쎄르
11	אַחַת עֶשְׂרֵה 아하트 에쓰레
12	שְׁתֵּים עֶשְׂרֵה 슈템 에쓰레
13	שְׁלֹשׁ עֶשְׂרֵה 슐로쉬 에쓰레
14	אַרְבַּע עֶשְׂרֵה 아르바 에쓰레
15	חֲמֵשׁ עֶשְׂרֵה 하메쉬 에쓰레
16	שֵׁשׁ עֶשְׂרֵה 쉐쉬 에쓰레
17	שְׁבַע עֶשְׂרֵה 슈바 에쓰레
18	שְׁמֹנֶה עֶשְׂרֵה 슈모네 에쓰레

19	תְּשַׁע עֶשְׂרֵה 테샤 에쓰레〈챠 에쓰레〉
20	עֶשְׂרִים 에쓰림
21	עֶשְׂרִים וְאַחַת 에쓰림 베아하트
22	עֶשְׂרִים וּשְׁתַּיִם 에쓰림 우슈타임
23	עֶשְׂרִים וְשָׁלוֹשׁ 에쓰림 베샬로쉬
30	שְׁלוֹשִׁים 숄로쉼
40	אַרְבָּעִים 아르바임
50	חֲמִישִּׁים 하미쉼
60	שִׁישִּׁים 쉬쉼
70	שִׁבְעִים 쉬브임
80	שְׁמוֹנִים 슈모님
90	תִּשְׁעִים 티슈임
100	מֵאָה 메아
200	מָאתַיִם 마타임
300	שְׁלֹשׁ מֵאוֹת 숄로쉬 메오트
1,000	אֶלֶף 엘레프
2,000	אַלְפַּיִם 알파임
3,000	שְׁלֹשֶׁת אֲלָפִים 숄로쉐트 알라핌
10,000	עֲשֶׂרֶת אֲלָפִים 아쎄레트 알라핌
100,000	מֵאָה אֶלֶף 메아 엘레프
1,000,000	מִילְיוֹן 밀르욘
1,000,000,000	מִילְיַארד 밀르야르드
1/2	חֵצִי 헤찌, חֲצִי 하찌
1/3	שְׁלִישׁ 숄리쉬
1/4	רֶבַע 레바
1/5	חֲמִישִׁית 하미쉬트
1/6	שִׁישִׁית 쉬쉬트
2/3	שְׁנֵי שְׁלִישִׁים 슈네 숄리쉼
3/4	שְׁלוֹשֶׁת רְבָעִים 숄로쉐트 르바임
4/5	אַרְבַּע חֲמִישִׁיּוֹת 아르바 하미쉬요트

0.123 אֶפֶס נְקוּדָה אַחַת שְׁתַּיִם שָׁלוֹשׁ 에페쓰 네쿠다 아하트 슈타임 샬로쉬

첫째	רִאשׁוֹן 리숀
둘째	שֵׁנִי 쉐니
셋째	שְׁלִישִׁי 슐리쉬
넷째	רְבִיעִי 르비이
다섯째	חֲמִישִׁי 하미쉬
여섯째	שִׁישִׁי 쉬쉬
일곱째	שְׁבִיעִי 슈비이
여덟째	שְׁמִינִי 슈미니
아홉째	תְּשִׁיעִי 트쉬이〈취이〉
열째	עֲשִׂירִי 아씨리

시 간

새벽	שַׁחַר 샤하르〈m〉
아침	בּוֹקֶר 보케르〈m〉
오전	לִפְנֵי הַצָּהֳרַיִם 리프네 하쪼호라임
점심	צָהֳרַיִם 쪼호라임〈mp〉
오후	אַחַר הַצָּהֳרַיִם 아하르 하쪼호라임
저녁	עֶרֶב 에레브〈m〉
밤	לַיְלָה 라일라〈m〉
자정	חֲצוֹת 하쪼트〈f〉
그제	שִׁלְשׁוֹם 쉴숌
어제	אֶתְמוֹל 에트몰
오늘	הַיּוֹם 하욤
내일	מָחָר 마하르
모레	מָחֳרָתַיִם 모호라타임
글피	אַחֲרֵי שְׁלוֹשָׁה יָמִים 아하레 슐로샤 야밈

하루	יוֹם 욤〈m〉
이틀	יוֹמַיִם 요마임〈md〉
사흘	שְׁלוֹשָׁה יָמִים 슐로샤 야밈
주	שָׁבוּעַ 샤부아〈m〉
두 주	שְׁבוּעַיִם 슈부아임〈md〉
세 주	שְׁלוֹשָׁה שָׁבוּעוֹת 슐로샤 샤부오트
달	חוֹדֶשׁ 호데쉬〈m〉
두 달	חוֹדְשַׁיִם 호드샤임〈md〉
세 달	שְׁלוֹשָׁה חוֹדָשִׁים 슐로샤 호다쉼
해	שָׁנָה 샤나〈f〉
두 해	שְׁנָתַיִם 슈나타임〈fd〉
세 해	שָׁלוֹשׁ שָׁנִים 샬로쉬 샤님
일요일	יוֹם רִאשׁוֹן 욤 리숀〈m〉
월요일	יוֹם שֵׁנִי 욤 쉐니〈m〉
화요일	יוֹם שְׁלִישִׁי 욤 슐리쉬〈m〉
수요일	יוֹם רְבִיעִי 욤 르비이〈m〉
목요일	יוֹם חֲמִישִׁי 욤 하미쉬〈m〉
금요일	יוֹם שִׁשִּׁי 욤 쉬쉬〈m〉
토요일	שַׁבָּת 샤바트〈f〉
1월	יָנוּאַר 야누아르〈m〉
2월	פֶבְּרוּאַר 페브루아르〈m〉
3월	מַרס 마르쓰〈m〉
4월	אַפְּרִיל 아프릴〈m〉
5월	מַאי 마이〈m〉
6월	יוּנִי 유니〈m〉
7월	יוּלִי 율리〈m〉
8월	אוגוסט 오구쓰트〈m〉
9월	סֶפְּטֶמְבֶּר 쎕템베르〈m〉

10월	אוֹקְטוֹבֶּר 옥토베르〈m〉
11월	נוֹבֶמְבֶּר 노벰베르〈m〉
12월	דֶּצֶמְבֶּר 데쩸베르〈m〉
계절	עוֹנָה 오나〈f〉
봄	אָבִיב 아비브〈m〉
여름	קַיִץ 카이쯔〈m〉
가을	סְתָיו 쓰타브〈m〉
겨울	חוֹרֶף 호레프〈m〉

식품과 음식

간장	רוֹטֶב סוֹיָה 로테브 쏘야〈m〉
겨자	חַרְדָּל 하르달〈m〉
고기	בָּשָׂר 바싸르〈m〉
과일	פֵּירוֹת 페로트〈mp〉
과자	מַמְתַּקִּים 맘타킴〈mp〉
국수	אִטְרִיּוֹת 이트리요트〈fp〉
기름	שֶׁמֶן 쉐멘〈m〉
달걀	בֵּיצִים 베찜〈fp〉
닭고기	עוֹף 오프〈m〉
롤빵	לַחְמָנִיָּה 라흐마니야〈f〉
맛	טַעַם 타암〈m〉
맛있는	טָעִים 타임〈m〉, טְעִימָה 트이마〈f〉
맥주	בִּירָה 비라〈f〉
메뉴판	תַּפְרִיט 타프리트〈m〉
목마른	צָמֵא 짜메〈m〉, צְמֵאָה 쯔메아〈f〉
물	מַיִם 마임〈mp〉
미네랄워터	מַיִם מִינֶרָלִים 마임 미네랄림〈mp〉
밀가루	קֶמַח 케마흐〈m〉

어휘

빵	לֶחֶם 레헴⟨m⟩
배고픈	רָעֵב 라에브⟨m⟩, רְעֵבָה 르에바⟨f⟩
배부른	שָׂבֵעַ 싸베아⟨m⟩, שְׂבֵעָה 쓰베아⟨f⟩
버터	חֶמְאָה 헴아⟨f⟩
비스킷	בִּיסְקְוִיטִים 비스크비팀⟨mp⟩
쌀, 쌀밥	אוֹרֶז 오레즈⟨m⟩
샐러드	סָלָט 쌀라트⟨m⟩
생강	זַנְגְּבִיל 장빌⟨m⟩
생선	דָּג 다그⟨m⟩
생선가스	שְׁנִיצֶל דָּג 슈니첼 다그⟨m⟩
설탕	סוּכָּר 쑤카르⟨m⟩
소고기	בְּשַׂר בָּקָר 브싸르 바카르⟨m⟩
소금	מֶלַח 멜라흐⟨m⟩
소스	רוֹטֶב 로테브⟨m⟩
소시지	נַקְנִיק 나크닉⟨m⟩
슈퍼마켓	סוּפֶּרְמַרְקֶט 쑤페르마르케트⟨m⟩
수프	מָרָק 마락⟨m⟩
시장	שׁוּק 슉⟨m⟩
식당	מִסְעָדָה 미쓰아다⟨f⟩
식료 잡화점	מַכּוֹלֶת 마콜레트⟨f⟩
식사	אֲרוּחָה 아루하⟨f⟩
식초	חוֹמֶץ 호메쯔⟨m⟩
아침식사	אֲרוּחַת בּוֹקֶר 아루하트 보케르⟨f⟩
요구르트	יוֹגוּרְט 요구르트⟨m⟩
양고기	בְּשַׂר כֶּבֶשׂ 브싸르 케베쓰⟨m⟩
양념	תַּבְלִין 타블린⟨m⟩
우유	חָלָב 할라브⟨m⟩
음료수	שְׁתִיָּה 슈티야⟨f⟩
음식	אוֹכֶל 오켈⟨m⟩
잼	רִיבָּה 리바⟨f⟩

저녁식사	אֲרוּחַת עֶרֶב 아루하트 에레브〈f〉
전채요리	מָנָה רִאשׁוֹנָה 마나 리쇼나〈f〉
점심식사	אֲרוּחַת צָהֳרַיִם 아루하트 쪼호라임〈f〉
제과점	מַאֲפִיָּה 마아피야〈f〉
주스	מִיץ 미쯔〈m〉
차, 티 / 허브 차	תֵּה 테〈m〉 / תֵּה צְמָחִים 테 쯔마힘〈m〉
채소	יְרָקוֹת 예라코트〈mp〉
초콜릿	שׁוֹקוֹלָד 쇼콜라드〈m〉
치즈	גְּבִינָה 그비나〈f〉
치킨가스	שְׁנִיצֶל עוֹף 슈니쩰 오프〈m〉
칠면조	הוֹדוּ 호두〈m〉
커피	קָפֶה 카페〈m〉
커피숍	בֵּית קָפֶה 베이트 카페〈m〉
코코아	קָקָאוֹ 카카오〈m〉
포도주	יַיִן 야인〈m〉
핫초코	שׁוֹקוֹ חַם 쇼코 함〈m〉
후식	מָנָה אַחֲרוֹנָה 마나 아하로나〈f〉, קִנּוּחַ 키누아흐〈m〉

신 체

가슴	חָזֶה 하제〈m〉
가슴(여성)	שַׁד 샤드〈m〉, שָׁדַיִם 샤다임〈md〉
귀	אוֹזֶן 오젠〈f〉, אוֹזְנַיִם 오즈나임〈fd〉
눈	עַיִן 아인〈fd〉, עֵינַיִם 에나임〈f〉
눈썹	גַּבָּה 가바〈f〉, גַּבּוֹת 가보트〈fp〉
다리	רֶגֶל 레겔〈f〉, רַגְלַיִם 라글라임〈fd〉
등	גַּב 가브〈m〉
머리	רֹאשׁ 로쉬〈m〉
머리카락	שֵׂעָר 쎄아르〈m〉, שְׂעָרוֹת 쎄아로트〈fp〉
목	צַוָּאר 짜바르〈m〉

목구멍	גָּרוֹן 가론〈m〉
몸	גּוּף 구프〈m〉
무릎	בֶּרֶךְ 베레크〈f〉, בִּרְכַּיִם 비르카임〈fd〉
발	רֶגֶל 레겔〈f〉, רַגְלַיִם 라글라임〈fd〉
발가락	אֶצְבַּע רֶגֶל 에쯔바 레겔〈f〉
발꿈치	עָקֵב 아케브〈m〉, עֲקֵבִים 아케빔〈mp〉
발목	קַרְסוֹל 카르쏠〈m〉
발바닥	כַּף רֶגֶל 카프 레겔〈f〉
배	בֶּטֶן 베텐〈f〉
배꼽	טַבּוּר 타부르〈m〉
뺨	לֶחִי 레히〈f〉, לְחָיַיִם 레하야임〈fd〉
뼈	עֶצֶם 에쩸〈f〉, עֲצָמוֹת 아짜모트〈fp〉
속눈썹	רִיס 리쓰〈m〉, רִיסִים 리씸〈mp〉
손	יָד 야드〈f〉, יָדַיִם 야다임〈fd〉
손가락	אֶצְבַּע 에쯔바〈f〉, אֶצְבָּעוֹת 에쯔바오트〈fp〉
손바닥	כַּף יָד 카프 야드〈f〉
손톱	צִיפּוֹרֶן 찌포렌〈f〉, צִיפּוֹרְנַיִם 찌포르나임〈fd〉
수염(코) / 수염(턱)	שָׂפָם 싸팜〈m〉 / זָקָן 자칸〈m〉
심장, 마음	לֵב 레브〈m〉
어깨	כָּתֵף 카테프〈f〉, כְּתֵפַיִם 크테파임〈fd〉
얼굴	פָּנִים 파님〈mp/fp〉
엉덩이	יַשְׁבָן 야슈반〈m〉
이, 치아	שֵׁן 쉔〈f〉, שִׁנַּיִם 쉬나임〈fd〉
이마	מֵצַח 메짜흐〈m〉
입	פֶּה 페〈m〉
입술	שָׂפָה 싸파〈f〉, שְׂפָתַיִם 쓰파타임〈fd〉
잇몸	חֲנִיכַיִם 하니카임〈md〉
척추	עַמּוּד הַשִּׁדְרָה 아무드 하쉬드라〈m〉
코	אַף 아프〈m〉
콧구멍	נָחִיר 나히르〈m〉, נְחִירַיִם 네히라임〈md〉

턱	סַנְטֵר 싼테르〈m〉
팔	זְרוֹעַ 즈로아〈f〉
팔꿈치	מַרְפֵּק 마르펙〈m〉
피부	עוֹר 오르〈m〉
허리	מוֹתְנַיִם 모트나임〈md〉
허벅지	יָרֵךְ 야레크〈m〉, יְרֵכַיִם 예레카임〈md〉
혀	לָשׁוֹן 라숀〈f〉

액세서리

귀걸이	עֲגִילִים 아길림〈mp〉
금	זָהָב 자하브〈m〉
다이아몬드	יַהֲלוֹם 야할롬〈m〉
머리핀	סִיכַּת רֹאשׁ 씨카트 로쉬〈f〉
목걸이(체인)	שַׁרְשֶׁרֶת 샤르쉐레트〈f〉
반지	טַבַּעַת 타바아트〈f〉
선글라스	מִשְׁקְפֵי שֶׁמֶשׁ 미쉬케페 쉐메쉬〈mp〉
시계(손목)	שְׁעוֹן יָד 슈온 야드〈m〉
은	כֶּסֶף 케쎄프〈m〉
진주	פְּנִינָה 프니나〈f〉
팔찌	צָמִיד 짜미드〈m〉
펜던트	תִּלְיוֹן 틸르욘〈m〉

어휘

운 동

감독, 코치	מְאַמֵּן 메아멘〈m〉
경기	מִשְׂחָק 미쓰학〈m〉
골프	גּוֹלְף 골프〈m〉
공	כַּדּוּר 카두르〈m〉
구조원(수영)	מַצִּיל 마찔〈m〉

권투	אִגְרוּף 이그루프〈m〉
농구	כַּדּוּרְסַל 카두르쌀〈m〉
달리기	מֵרוֹץ 메로쯔〈m〉
라켓	מַחְבֵּט 마흐베트〈m〉
마라톤	מָרָתוֹן 마라톤〈m〉
배구	כַּדּוּרְעָף 카두르아프〈m〉
선수	שַׂחְקָן 싸흐칸〈m〉, שַׂחְקָנִית 싸흐카니트〈f〉
수영	שְׂחִיָּה 쓰히야〈f〉
수영장	בְּרֵיכַת שְׂחִיָּה 브레카트 쓰히야〈f〉
스케이트	הַחְלָקָה עַל הַקֶּרַח 하흘라카 알 하케라흐〈f〉
스케이트 신발	מַחְלִיקַיִם 마흘리카임〈m〉
스키(운동)	סְקִי 스키〈m〉
스키(장비)	מִגְלָשַׁיִם 미글라샤임〈m〉
승마	רְכִיבָה עַל סוּסִים 르키바 알 쑤씸〈f〉
시합	תַּחֲרוּת 타하루트〈f〉
심판	שׁוֹפֵט 쇼페트〈m〉
야구	כַּדּוּר בָּסִיס 카두르 바씨쓰〈m〉
양궁	קַשָּׁתוּת 카샤투트〈f〉
올림픽	אוֹלִמְפִּיאָדָה 올림프야다〈f〉
운동	סְפּוֹרְט 쓰포르트〈m〉
운동장	מִגְרַשׁ מִשְׂחָקִים 미그라쉬 미쓰학킴〈m〉
운동화	נַעֲלֵי סְפּוֹרְט 나알레 쓰포르트〈fp〉
월드컵	מוֹנְדְּיָאל 몬디알
유도	ג'וּדוֹ 쥬도〈m〉
조깅	ג'וֹגִינְג 조깅〈m〉
축구	כַּדּוּרֶגֶל 카두레겔〈m〉
탁구	טֶנִיס שׁוּלְחָן 테니쓰 슐한〈m〉
테니스	טֶנִיס 테니쓰〈m〉
팀	קְבוּצָה 크부짜〈f〉
헬스장	חֲדַר כּוֹשֶׁר 하다르 코쉐르〈m〉

의 복

가죽	עוֹר 오르⟨m⟩
넥타이	עֲנִיבָה 아니바⟨f⟩
단추	כַּפְתּוֹר 카프토르⟨m⟩
마	פִּשְׁתָּן 피슈탄⟨m⟩
면	כּוּתְנָה 쿠트나⟨f⟩
바늘	מַחַט 마하트⟨m⟩
바지	מִכְנָסַיִם 미크나싸임⟨mp⟩
벨트	חֲגוֹרָה 하고라⟨f⟩
브래지어	חֲזִיָּה 하지야⟨f⟩
소매	שַׁרְווּל 샤르불⟨m⟩
속옷	לְבָנִים 레바님⟨mp⟩
속옷(위)	גּוּפִיָּה 구피야⟨f⟩
속옷(아래)	תַּחְתּוֹנִים 타흐토님⟨m⟩
수영복	בֶּגֶד יָם 베게드 얌⟨m⟩
스웨터	סְוֶדֶר 스베데르⟨m⟩
스카프	צָעִיף 짜이프⟨m⟩
실	חוּט 후트⟨m⟩
실크	מֶשִׁי 메쉬⟨m⟩
양말	גַּרְבַּיִם 가르바임⟨mp⟩
옷	בֶּגֶד 베게드⟨m⟩, בְּגָדִים 브가딤⟨mp⟩
옷걸이	קוֹלָב 콜라브⟨m⟩
외투	מְעִיל 메일⟨m⟩
울, 모직	צֶמֶר 쩨메르⟨m⟩
원피스	שִׂמְלָה 씨믈라⟨f⟩
의상	תִּלְבּוֹשֶׁת 틸보쉐트⟨f⟩
재킷	ג'ָקֶט 자켓⟨m⟩
잠옷	פִּזָ'מָה 피자마⟨f⟩
정장	חֲלִיפָה 할리파⟨f⟩

주머니	כִּיס 키쓰⟨m⟩
지퍼	רוֹכְסָן 록싼⟨m⟩
천	בַּד 바드⟨m⟩
치마	חֲצָאִית 하짜이트⟨f⟩
치수	מִידָּה 미다⟨f⟩
칼라, 옷깃	צַוָּארוֹן 짜바론⟨m⟩
티셔츠	חוּלְצָה 훌짜⟨f⟩
합성섬유	חוֹמֶר סִינְתֶּטִי 호메르 씬테티⟨m⟩

직 업

가수	זַמָּר 자마르⟨m⟩, זַמֶּרֶת 자메레트⟨f⟩
간호사	אָח 아흐⟨m⟩, אָחוֹת 아호트⟨f⟩
감독, 연출자	בַּמַּאי 바마이⟨m⟩, בַּמָּאִית 바마이트⟨f⟩
건축가	אַדְרִיכָל 아드리칼⟨m⟩, אַדְרִיכָלִית 아드리칼리트⟨f⟩
경제인	כַּלְכְּלָן 칼칼란⟨m⟩
공무원	עוֹבֵד מְדִינָה 오베드 메디나⟨m⟩
교수	פְּרוֹפֶסוֹר 프로페쏘르⟨m/f⟩
(이스라엘)국회의원	חֲבֵר כְּנֶסֶת⟨m⟩, חֲבֵרַת כְּנֶסֶת 하베라트 크네쎄트⟨f⟩
군인	חַיָּל 하얄⟨m⟩, חַיֶּלֶת 하옐레트⟨f⟩
기술자	טֶכְנַאי 테크나이⟨m⟩
노동자	פּוֹעֵל 포엘⟨m⟩
농부	חַקְלַאי 하클라이⟨m⟩
대사	שַׁגְרִיר⟨m⟩
대통령	נְשִׂיא מְדִינָה 느씨 메디나⟨m⟩
대학생	סְטוּדֶנְט 쓰투덴트⟨m⟩, סְטוּדֶנְטִית 쓰투덴티트⟨f⟩
도서관사서	סַפְרָן 싸프란⟨m⟩, סַפְרָנִית 싸프라니트⟨f⟩
미용사	סַפָּר 싸파르⟨m⟩, סַפָּרִית 싸파리트⟨f⟩
배우, 선수	שַׂחְקָן 싸흐칸⟨m⟩, שַׂחְקָנִית 싸흐카니트⟨f⟩
베이비시터	מְטַפֶּלֶת 메타펠레트⟨f⟩

변호사	עוֹרֵךְ דִּין 오레크 딘〈m〉, עוֹרֶכֶת דִּין 오레케트 딘〈f〉
비서	מַזְכִּיר 마즈키르〈m〉, מַזְכִּירָה 마즈키라〈f〉
비행조종사	טַיָּס 타야쓰〈m〉
사무직원	פָּקִיד 파키드〈m〉, פְּקִידָה 프키다〈f〉
사업가	אִישׁ עֲסָקִים 이쉬 아싸킴〈m〉
사장	נְשִׂיא חֶבְרָה 느씨 헤브라〈m〉
사진작가	צַלָּם 짤람〈m〉
선생님	מוֹרֶה 모레〈m〉, מוֹרָה 모라〈f〉
수위	שׁוֹעֵר 쇼에르〈m〉
시인	מְשׁוֹרֵר 메쇼레르〈m〉, מְשׁוֹרֶרֶת 메쇼레레트〈f〉
신문기자	עִיתוֹנַאי 이토나이〈m〉, עִיתוֹנָאִית 이토나이트〈f〉
약사	רוֹקֵחַ 로케아흐〈m〉, רוֹקַחַת 로카하트〈f〉
엔지니어	מְהַנְדֵּס 메한데쓰〈m〉
외교관	דִּיפְּלוֹמָט 디플로마트〈m〉
요리사	טַבָּח 타바흐〈m〉, טַבָּחִית 타바히트〈f〉
운전사	נְהָג 네하그〈m〉, נָהָג 나하그〈m〉
웨이터	מֶלְצַר 멜짜르〈m〉, מֶלְצָרִית 멜짜리트〈f〉
유치원 선생님	גַּנֶּנֶת 가네네트〈f〉
음악가	מוּסִיקַאי 무지카이〈m〉, מוּסִיקָאִית 무지카이트〈f〉
의사	רוֹפֵא 로페〈m〉, רוֹפְאָה 로프아〈f〉
일	עֲבוֹדָה 아보다〈f〉
작가	סוֹפֵר 쏘페르〈m〉, סוֹפֶרֶת 쏘페레트〈f〉
장관	שַׂר〈m〉, שָׂרָה 싸라〈f〉
중역, 이사	מְנַהֵל 메나헬〈m〉, מְנַהֶלֶת 메나헬레트〈f〉
직업	מִקְצוֹעַ 믹쪼아〈m〉, עִיסּוּק 이쑥〈m〉
총장	נְשִׂיא אוּנִיבֶרְסִיטָה 느씨 우니베르씨타〈m〉
컴퓨터 프로그래머	מְתַכְנֵת 메타크네트〈m〉, 메타크네네트 מְתַכְנֶנֶת〈f〉
판매원	מוֹכֵר 모케르〈m〉, מוֹכֶרֶת 모케레트〈f〉
판사	שׁוֹפֵט 쇼페트〈m〉, שׁוֹפֶטֶת 쇼페테트〈f〉
화가	צַיָּר 짜야르〈m〉, צַיֶּרֶת 짜예레트〈f〉

질 병

간호사	אָח 아흐〈m〉, אָחוֹת 아호트〈f〉
감기	הִצְטַנְּנוּת 히쯔타네누트〈f〉
감기든	מְצוּנָּן 메쭈난〈m〉, מְצוּנֶּנֶת 메쭈네네트〈f〉
건강한	בָּרִיא 바리〈m〉, בְּרִיאָה 브리아〈f〉
검진	בְּדִיקָה 브디카〈f〉
구급차	אַמְבּוּלַנְס 암불란쓰〈m〉
기침	שִׁיעוּל 쉬울〈m〉
깁스	גֶּבֶס 게베쓰〈m〉
내과 의사	רוֹפֵא פְּנִימִי 로페 프니미〈m〉
당뇨	סַכֶּרֶת 싸케레트〈f〉
독감	שַׁפַּעַת 샤파아트〈f〉
두통	כְּאֵב רֹאשׁ 케에브 로쉬〈m〉
메스꺼움	בְּחִילָה 브힐라〈f〉
몸살	חוּלְשָׁה 훌샤〈f〉
반창고	תַּחְבּוֹשֶׁת פְּלַסְטִית 타흐보쉐트 플라스티트〈f〉
(종합)병원	בֵּית חוֹלִים 베이트 홀림〈m〉
(외래환자)병원	קוּפַּת חוֹלִים 쿠파트 홀림〈f〉
(산모와 소아)진료소	טִיפַּת חָלָב 티파트 할라브〈f〉
복통	כְּאֵב בֶּטֶן 케에브 베텐〈m〉
붕대	תַּחְבּוֹשֶׁת 타흐보쉐트〈f〉
산부인과 의사	רוֹפֵא נָשִׁים 로페 나쉼〈m〉
상처	פֶּצַע 페짜〈m〉
설사	שִׁלְשׁוּל 쉴슐〈m〉
소변	שֶׁתֶן 쉐텐〈m〉
소아과 의사	רוֹפֵא יְלָדִים 로페 옐라딤〈m〉
소화불량	קִלְקוּל קֵיבָה 킬쿨 케바〈m〉
수술	נִיתּוּחַ 니투아흐〈m〉
수술실	חֲדַר נִיתּוּחַ 하다르 니투아흐〈m〉

식중독	הַרְעָלַת קֵיבָה 하르알라트 케바⟨f⟩
심장마비	הֶתְקֵף לֵב 헤트케프 레브⟨m⟩
아픈	חוֹלֶה 홀레⟨m⟩, חוֹלָה 홀라⟨f⟩
안과 의사	רוֹפֵא עֵינַיִם 로페 에나임⟨m⟩
알레르기	אַלֶרְגְיָה 알레르기야⟨f⟩
알약	כַּדּוּרִים 카두림⟨mp⟩
암	סַרְטָן 싸르탄⟨m⟩
약	תְּרוּפָה 트루파⟨f⟩
약국	בֵּית מִרְקַחַת 베이트 미르카하트⟨m⟩
엑스레이 촬영	צִילוּם רֶנְטְגֶן 찔룸 렌트겐⟨m⟩
연고	מִשְׁחָה 미슈하⟨f⟩
열	חוֹם 홈⟨m⟩
염증	דַּלֶּקֶת 달레케트⟨f⟩
외과 의사	כִּירוּרְג 케루르그⟨m⟩
요오드	יוֹד 요드⟨m⟩
위생병	חוֹבֵשׁ 호베쉬⟨m⟩, חוֹבֶשֶׁת 호베쉐트⟨f⟩
응급실	חֲדַר מִיּוּן 하다르 미윤⟨m⟩
의료보험	בִּטּוּחַ רְפוּאִי 비투아흐 르푸이⟨m⟩
의사	רוֹפֵא 로페⟨m⟩, רוֹפְאָה 로프아⟨f⟩
의원	מִרְפָּאָה 미르파아⟨f⟩
이비인후과 의사	רוֹפֵא אַף־אוֹזֶן־גָּרוֹן 로페 아프 오젠 가론⟨m⟩
일사병	מַכַּת שֶׁמֶשׁ 마카트 쉐메쉬⟨f⟩
입원	אִשְׁפּוּז 이쉬푸즈⟨m⟩
(이스라엘)적십자	מָגֵן דָּוִיד אָדוֹם 마겐 다비드 아돔
점적약(방울약)	טִיפּוֹת 티포트⟨fp⟩
정형외과 의사	אוֹרְטוֹפֵּד 오르토페드⟨m⟩
종양	גִּידּוּל 기둘⟨m⟩
주사	זְרִיקָה 즈리카⟨f⟩
질병	מַחֲלָה 마할라⟨f⟩
차례(대기 순서)	תּוֹר 토르⟨m⟩

처방전	מִרְשָׁם 미르샴〈m〉
체온계	מַדְחוֹם 마드홈〈m〉
출혈	דִּימּוּם 디뭄〈m〉
치료	טִיפּוּל 티풀〈m〉
콧물감기	נַזֶּלֶת 나젤레트〈f〉
통증	כְּאֵב 케에브〈m〉
폐렴	דַּלֶּקֶת רֵיאוֹת 달레케트 레오트〈f〉
피	דָּם 담〈m〉
피부과 의사	רוֹפֵא עוֹר 로페 오르〈m〉
현기증	סְחַרְחוֹרֶת 쓰하르호레트〈f〉
혈압	לַחַץ דָּם 라하쯔 담〈m〉

집

거실	סָלוֹן 쌀론〈m〉, חֲדַר אוֹרְחִים 하다르 오르힘〈m〉
계단	מַדְרֵגוֹת 마드레고트〈fp〉
난방 / 중앙난방	הַסָּקָה 하싸카〈f〉 / הַסָּקָה מֶרְכָּזִית 하싸카 메르카지트〈f〉
대문	שַׁעַר 샤아르〈m〉
룸메이트	שׁוּתָּף 슈타프〈m〉, שׁוּתָּפָה 슈타파〈f〉
마당	חָצֵר 하쩨르〈f〉
문	דֶּלֶת 델레트〈f〉
바닥	רִצְפָּה 리쯔파〈f〉
방	חֶדֶר 헤데르〈m〉
베란다	מִרְפֶּסֶת 미르페쎄트〈f〉
벽	קִיר 키르〈m〉
복도	מִסְדְּרוֹן 미쓰데론〈m〉, פְּרוֹזְדוֹר 프로즈도르〈m〉
부엌	מִטְבָּח 미트바흐〈m〉
샤워실	מִקְלַחַת 미클라하트〈f〉
셔터	תְּרִיס 트리쓰〈m〉
아파트	דִּירָה 디라〈f〉

엘리베이터	מַעֲלִית 마알리트〈f〉
열쇠	מַפְתֵּחַ 마프테아흐〈m〉
욕실	חֲדַר אַמְבַּטְיָה 하다르 암바트야〈m〉
원룸	דִּירַת חֶדֶר 디라트 헤데르〈f〉
작업실	חֲדַר עֲבוֹדָה 하다르 아보다〈m〉
정원	גִּינָּה 기나〈f〉
주택	וִילָה 빌라〈f〉, בַּיִת פְּרָטִי 바이트 프라티〈m〉
지붕	גַּג 가그〈m〉
집	בַּיִת 바이트〈m〉
집세	שְׂכַר דִּירָה 쓰카르 디라〈m〉
집주인	בַּעַל בַּיִת 바알 바이트〈m〉
창고	מַחְסָן 마흐싼〈m〉
창문	חַלּוֹן 할론〈m〉
천정	תִּקְרָה 티크라〈f〉
층	קוֹמָה 코마〈f〉
침실	חֲדַר שֵׁינָה 하다르 쉐나〈m〉
현관, 입구	כְּנִיסָה 크니싸〈f〉
화장실	שֵׁירוּתִים 쉐루팀〈mp〉

축약어

거리	רח' 르호브
교수	פרופ' 프로페쏘르
(이스라엘)군대	צַהַ"ל 짜할(쯔바 하가나 레이쓰라엘)
기원전	לפנה"ס 리프네 하쓰피라
기원후	לסה"נ 리쓰피라트 하노쯔림
나이프, 숟가락, 포크	סַכּוּ"ם 싸쿰(싸킨, 카프 우마즐레그)
등(기타, etc.)	וְכוּ' 베쿨레
미국	ארה"ב 아르쪼트 하브리트
병원	בי"ח 베이트 홀림

부가 가치세	מַעַ"מ 마암(마쓰 에레크 무싸프)
부인, 미스	גב' 그베레트, 게베레트
(히브리어)성경	תַּנַ"ךְ 타나크(토라, 느비임, 크투빔)
센티미터	ס"מ 쎈티메테르
수상, 총리	רה"מ 로쉬 하멤샬라
안부	ד"שׁ 다쉬(드리샤트 샬롬〉
예루살렘	י-ם 예루샬라임
외국	חו"ל 훌(후쯔 라아레쯔)
유엔	או"ם 움(하우모트 하메우하도트)
의사, 박사	ד"ר 독토르
킬로미터	ק"מ 킬로메테르
텔아비브	ת"א 텔아비브
페이지, 쪽	עמ' 아무드
학교	בי"ס 베이트 쎄페르
학비	שכ"ל 쓰카르 리무드
PLO(팔레스타인 해방기구)	אָשָׁ"ף 아샤프(이르군 레쉬흐루르 팔레쓰틴)
P.O.Box(사서함)	ת.ד. 타 도아르

요단 강가 세례 장면